Herrmann Schiffermüller

Plötzlich alleine,

was nun?

Ein praktischer Ratgeber für den Umgang mit Lebenskrisen

Mauer Verlag
Wilfried Kriese
72108 Rottenburg a/N
Buchgestaltung: Wilfried Kriese
Titelbild: Privat
2012
ISBN 978-3-86812- 279-4

www.mauerverlag.de

Inhalt

Über dieses Buch

Dieses Buch soll all den Mitmenschen eine Hilfestellung bieten, die mehr oder weniger plötzlich in eine persönliche Krisensituation geraten sind. Dabei ist es unerheblich, ob man in eine solche Situation verschuldet oder unverschuldet geraten ist. Es werden Wege aufgezeigt – wenn man sein Schicksal an- und selbst in die Hand nimmt –, wie man sich aus solch einer Krise ohne fremde oder therapeutische Hilfe wieder selbst befreien kann. Anhand eines Fallbeispieles werden die Phasen einer Krise anschaulich gemacht und es wird Hilfestellung dazu angeboten, wie man eine solche vermeiden oder besser damit umgehen kann. Die Beispiele in diesem Buch beruhen auf wahren Geschichten aus dem täglichen Leben und sollen aufzeigen, wie man mithilfe der eigenen Ressourcen am Ende gestärkt aus Krisensituationen herauskommen kann. Zusätzlich sind hilfreiche Informationen zu den Bereichen Kommunikation, Konfliktmanagement, Krisenbewältigung und Burn-out-Prävention sowie Coaching-Tipps mit Fallstudien enthalten, die als Hilfe zur Selbsthilfe dienen können.

Die Namen der im Buch vorkommenden Personen und deren Wohnorte wurden anonymisiert, um ihre Privatsphäre zu wahren. Darüber hinaus wurde beim Formulieren des Texts großer Wert auf Allgemeinverständlichkeit gelegt und die akademische Perspektive weitestgehend hintangestellt (einschlägige Bücher zu den Fachthemen in diesem Buch gibt es nämlich schon jede Menge). Die Quellen für die ergänzenden Fachbeiträge finden Sie am Ende dieses Buches im Literatur- und Personenverzeichnis. Dank an Dr. Björn Migge, der mir erlaubte, einige Themen und Passagen aus seinem *Handbuch – Coaching und Beratung*[2] in diesem Buch zu verwenden.

Über den Autor

Herrmann Schiffermüller wurde 1959 in einem Dorf in Mittelfranken, Landkreis Roth, geboren. Nach der Ausbildung (Meisterprüfung als Radio- und Fernsehtechniker) und erster beruflicher Tätigkeit als Programmierer wechselte er im Bereich der elektronischen Datenverarbeitung 1999 in den Vertrieb nach München, wo er bis heute für eine amerikanische IT-Firma und nebenberuflich als Psychologischer Berater tätig ist. An der Hamburger Akademie für Fernstudien (HAF) erwarb er sein Diplom mit Auszeichnung als Psychologischer Berater und Personal Coach.

Widmung

Dieses Buch widme ich meinen lieben Eltern, Anna und Lorenz, die ihren Kindern durch Verzicht und Hintanstellen eigener Wünsche und Bedürfnisse einen guten Start ermöglichten. Selbst in schweren Zeiten war ihnen immer die Familie das Wichtigste in ihrem Leben, was sie sich bis heute bewahrt haben und an ihren zahlreichen Enkelkindern weiter praktizieren.

Einführung

Wenn du lange in einen Abgrund blickst, blickt der Abgrund auch in dich hinein.
Friedrich Nietzsche

Es ist wirklich schade, dass man erst relativ alt werden muss, um zu erkennen und zu realisieren, was man im Leben alles so falsch gemacht hat, meinen Sie nicht auch? Würde der Mensch als welterfahrenes Wesen – oder gar als studierter Psychologe oder Therapeut – auf die Welt kommen, würde uns und unseren Mitmenschen auf diesem Planeten wohl vieles erspart bleiben. Nichtsdestotrotz lernen wir Menschen am allermeisten aus unseren Fehlern, und davon machen wir im Laufe unseres Lebens ja weiß Gott genug (der eine mehr, der andere weniger).

„Fehler machen ist erlaubt", hatte ich meinem damaligen Tennis-Doppel-Partner mal gesagt, einfach um ihn vor einem wichtigen Spiel zu beruhigen und ihm einen Teil seiner Nervosität und des Drucks zu nehmen. Im Hinterkopf hatte ich allerdings auch die unausgesprochene Hoffnung – bitte nicht zu viele davon! Die beiden anderen Grundregeln lauteten: „Nicht an den aktuellen Spielstand denken, nur der nächste Ball ist wichtig und wir wollen hier nichts anderes als Spaß haben, bekommen für das Tennisspielen sowieso kein Geld."

Am Anfang lief es noch gut, aber dann stieg die Fehlerquote im Verlauf des Spiels bei uns beiden doch stetig an, denn durch Gutzureden alleine (ist nicht nachhaltig genug) kann man sich leider nicht vor technischen Defiziten schützen. Unser Glück damals war, dass die damaligen Gegner nicht übermächtig waren, sie mehr unnötige Fehler machten als wir (die beiden waren wohl noch nervöser als wir, es spielte hier ja „Not gegen Elend“) und wir am Ende dann doch die Nase knapp vorne hatten.

Mit Drucksituationen umzugehen lernt man in der Regel mit der Zeit, das liegt hauptsächlich am Wiederholungseffekt. Je öfter man sich in solchen Situationen befindet, desto mehr werden sie zur Gewohnheit, man stumpft quasi damit ab. Dabei ist gar nicht entscheidend, wie und ob man diese meistert, sondern dass man sich ihnen stellt. Können Sie sich noch an ihre erste Rede vor einem größeren Publikum erinnern? Welche Gefühle oder Emotionen haben Sie im Vorfeld gequält? Wie wurden diese bis kurz vor dem Auftritt sublimiert? Keine Schande, wenn der ein oder andere die ersten Momente keinen Ton hervorbrachte oder einfach nur Blödsinn erzählte! Auch hier gilt die Faustregel, „Übung macht den Meister“ und das ein oder andere Präsentationstraining ist hilfreich, um sich dann ständig zu verbessern. Eine gewisse Nervosität oder Anspannung vor jedem Auftritt haben auch erfahrene Redner noch, das zeigt an, dass der Vortragende sich in freudiger Erregung vor seinem Einsatz befindet und seine Zuhörer auch ernst nimmt, da er ihnen das Thema so gut wie möglich übermitteln möchte, für das sie anwesend sind und ihre wertvolle Zeit opfern.

Aber zurück zum Hauptthema diesen Buches. Angstzustände, Konflikte oder Konflikte meistern hat auch etwas mit Erfahrung und dem Einsatz eigener Ressourcen und Stärken zu tun. Menschen mit einem sprichwörtlichen „dicken Fell“ müssen nicht zwangsläufig besser mit Krisensituationen umgehen können als solche, die man bisher eher als sensibel eingeschätzt hat. Oft zeigen Menschen nicht ihr wahres Gesicht, sondern verschanzen sich hinter einer selbst erschaffenen Fassade, wollen damit vielleicht Härte, Stärke oder Souveränität zeigen, aber früher oder später zerbricht dieses Selbstbild oder -konzept, und sie brechen danach völlig zusammen. Am Ende ist es das Erkennen (eigenständig oder durch externe Hilfe) von Ursachen der Krise und dessen, was künftig zu tun ist, damit man aus dieser Lage schadlos herauskommt.

Es ist sehr leicht gesagt (vor allem, wenn es um Themen geht, bei denen man über die Jahre festgefahrene Einstellungen, Grundannahmen und Glaubenssätzen aufgebaut hat): „Versuch doch eine andere Einstellung oder Sichtweise auf die aktuelle Situation oder auf bestimmte Aspekte während der Krise oder des Konfliktes zu bekommen!“ Aber welcher akut Betroffene kann das schon von sich aus leisten – und falls man davon schon mal etwas gehört hat, kann man es dann, wenn es benötigt wird, auch spontan abrufen? Der ein oder andere wohl schon, vielleicht deshalb, weil er damit eben schon mehr Erfahrungen hat?

Die meisten Menschen in Krisensituationen oder mit eigenartigem Verhalten sind medizinisch gesehen nicht krank, sogar völlig normal. Obwohl man darüber streiten kann, wo die Grenze zwischen Gesundheit und Krankheit verläuft (siehe International Classification of Diseases der Weltgesundheitsorganisation, WHO). Wer stirbt am Ende seines Lebens denn schon gesund? Aber wenn man nicht frühzeitig aus einem seelischen Ungleichgewicht wieder herauskommt, kann die Gesundheit leiden. Unwohlsein, Burn-out und am Ende Depressionen können die Folgen sein und spätestens dann wird es Zeit, etwas zu unternehmen, bevor sich womöglich Suizidgedanken einstellen.

In diesem Buch finden Sie die ein oder andere hilfreiche Anregung, wie und was Sie wann tun können, um sich anbahnende bedrohliche Situationen besser zu erkennen und angemessen darauf zu reagieren oder solche am besten erst gar nicht aufkommen zu lassen. Der Königsweg ist nicht, bei den ersten Anzeichen von „seelischem Unwohlsein“ zu einem Psychologen oder Psychotherapeuten zu gehen (setzt natürlich voraus, dass Sie nicht wirklich krank sind!). Hilfe zur Selbsthilfe stellt eine weitaus bessere Methode dar, um mit Krisensituationen und Konflikten künftig besser umgehen zu können.

Die wahre Geschichte

Zunächst möchte ich Ihnen eine wahre Geschichte aus der – teilweise subjektiven – Sicht der Betroffenen erzählen, die aufzeigen soll, wie ein oder mehrere Personen in eine „echte Krise" geraten können. Sie handelt von einem Mann mittleren Alters namens – nennen wir ihn in dieser Geschichte mal – *Herbert* und seiner Familie (Ehefrau *Sarah,* Sohn *Marc* und Tochter *Maria)*, die unvorbereitet in die ein oder andere schwere Krisensituation kommen. Die Hauptperson meines Buches durchlebte alle Phasen einer Krise am eigenen Leib, war Burn-out-gefährdet und schaffte es aus eigener Kraft, sich rechtzeitig wieder daraus zu befreien.

Am Anfang stand die Ignoranz

Tatsachen schafft man nicht dadurch aus der Welt, dass man sie ignoriert.
Aldous Huxley

Nach über zwei Stunden im Auto wird es Zeit für eine kurze Pause, wäre vorhin auf der Autobahn beinahe kurz eingeschlafen! Heute scheint wieder mal so ein Tag zu sein, wo alles schiefläuft; bin unausgeschlafen, mürrisch, habe Druck auf der Blase, das Wetter ist miserabel und wieso müssen die Lkws denn ständig am Berg überholen und die Überholspur blockieren? Vor allem dann, wenn ich gerade hinter oder neben ihnen bin? Aussteigen, schnell die Porzellanabteilung des Parkplatz-WCs besuchen, mir ein paar Minuten die Füße vertreten und dann weiter Richtung Titisee im Schwarzwald, hast Frau und Sohnemann schließlich fast vier Wochen nicht gesehen; zwei Stunden dauert die Fahrt bestimmt noch.

Ein leicht ungutes Gefühl habe ich schon, war zwar von Anfang an sehr dafür, dass meine Frau sich mit unserem Sohn zusammen eine Auszeit nimmt und die Mutter-Kind-Kur der Krankenkasse in Anspruch nimmt, aber man kann in so einer Phase der Besinnung auch mal „auf dumme Gedanken“ kommen, vor allem nach dem, was wir die letzten beiden Jahre zusammen durchgemacht haben. Egal, die vier Wochen, die hinter uns liegen, haben auch mir gutgetan, konnte auch Dinge tun, die sonst nicht so ohne Weiteres möglich gewesen wären (positiv formuliert).

Was ist denn nun das Hauptproblem von *Sarah*, wieso hat sie die Ereignisse der letzten Monate so viel schlechter weggesteckt als ich? Klar, sie war wesentlich öfter bei *Marc* in der Klinik in Regensburg als ich – was ja verständlich ist, ich musste schließlich noch arbeiten, löste sie aber dort ab, so oft ich konnte –, und das neue Haus haben wir doch komplett schlüsselfertig bauen lassen, damit hatten wir beide kaum Aufwand (außer beim Planen, aber das ist ja eher etwas Angenehmes, oder?). Finanzielle Sorgen oder Ängste können es auch nicht sein, da wir kaum Schulden auf das Haus aufnehmen mussten.

Was ist es dann?

In welchen Bereichen hatten wir in der Vergangenheit immer wieder Diskussionen, die sich auch immer häufiger in einen Streit ausdehnten? Nach meiner Erinnerung waren das meine Vorliebe für Sport (Tennis vor allem), meine doch relativ häufige Abwesenheit durch dienstlich bedingte Reisen (auch mehrtägige ins Ausland, aber dafür konnte ich wenig) und dann zu guter Letzt das Thema Sauberkeit. Vor allem stritten wir uns darüber, wie oft man dieses oder jenes tun sollte, um keinen Unmut beim andern zu erregen! Ich bin der Meinung, zwei- bis dreimal Tennis die Woche ist NICHT zu viel (muss ja für die Mannschaft fit bleiben), und dasselbe gestehe ich auch ihr zu (Walking mit der Nachbarin, Fitness mit der Freundin aus der Stadt, etc.), also, wo ist das Problem?

Als ich an der Kurklinik ankomme, stelle ich meinen Wagen auf dem Besucherparkplatz ab und mache mich zu Fuß auf zum Haupteingang, vorbei an einem großen und neuen Klettergarten. Das passt ja ganz gut, denke ich, da *Marc* als einzigen Sport nach seiner Operation und zahlreichen Chemotherapien das Klettern praktiziert, für ihn zugleich eine heilsame Therapie. Zu meiner Freude warten *Sarah* und *Marc* im Eingangsbereich schon auf mich, aber eine herzliche Begrüßung sieht anders aus! Ich gebe im ersten Augenblick nicht sehr viel darauf, *Marc* muss kurz darauf wieder zu einer seiner Anwendungen und wir machen uns ohne ihn zu zweit auf den Weg zu der nahe gelegenen Pension, die sie für mich gebucht hat. Die nächsten beiden Tage verbringen wir mit Spazierengehen, nehmen *Marc* im Rollstuhl mit, wenn er frei hat, aber unser Umgang miteinander bleibt verhalten, unterkühlt und distanziert. Das Einzige, was mir bei meiner Abreise im Kopf herumgeht, ist die Aussage von *Sarah*, dass sie sich in der Klinik auch Rat bei einem Psychologen geholt hat. Den Gedanken daran finde ich ziemlich beruhigend in Bezug auf unsere Beziehung, denn der Psychologe wird ihr schon „das Richtige" gesagt und empfohlen haben, sie gewissermaßen wieder auf den richtigen Weg bringen. So fahre ich guten Mutes zurück nach Niederbayern und nehme mir vor, die verbleibende Zeit bis zur Rückkehr der beiden noch sinnvoll zu nützen. *Maria,* unsere große Tochter, ist ja eh selten zu Hause und gut versorgt, sodass ich hier kein schlechtes Gewissen haben muss.

Als die Welt noch in Ordnung schien

Weltverbesserer gibt es genug, aber einen Nagel richtig einschlagen können die wenigsten.
Henrik Ibsen

Ich erinnere mich noch gut an unsere Hochzeit. Als Geschenk bekamen wir von unseren damaligen Freunden in Mittelfranken eine Fahrt mit einer reich geschmückten Pferdekutsche geschenkt alle wünschten uns natürlich das Beste für die gemeinsame Zukunft. Zum Start bezogen wir eine kleine Zwei-Zimmer-Wohnung im Hauptort und das erste Kind, *Maria*, kam knapp ein Jahr nach der Hochzeit auf die Welt, wir waren sehr glücklich. Da *Sarah* vorübergehend ihre Arbeit in der Arztpraxis aufgeben musste, entschlossen wir uns, in die Nachbarschaft meiner Eltern zu ziehen, damit sie bald wieder als Teilzeitkraft ihre frühere Tätigkeit aufnehmen konnte. Das bekam ihr sichtlich gut. Man muss kein Psychologe sein, um zu verstehen, wieso eine Frau, die seit ihrem fünfzehnten Lebensjahr gewohnt ist, auf eigenen Füßen zu stehen, ihr eigenes Geld zu verdienen, Anerkennung von Patienten, Kollegen und Vorgesetzten zu bekommen, mit der Rolle als Ehefrau und Mutter nicht ausgefüllt ist. Dankbarkeit und Anerkennung vom Ehepartner und vom restlichen Umfeld für das in der Familie Geleistete verlieren schnell ihre Wirkung.

Nach einigen Jahren und dem Umzug in eine neue Doppelhaushälfte mit Garten, diesmal wohnten die Schwiegereltern nur wenige Meter um die Ecke, kam das zweite Kind, nämlich *Marc,* und nun schien unser Glück perfekt. Zu meiner großen Freude kam noch dazu, dass ich eine einmalige Chance bekam, in die damals aufkommende EDV-Industrie zu wechseln, und wir dadurch auch finanziell einen Sprung nach vorne machen konnten; die soziale

Absicherung für die ganze Familie schien bis zur weit in der Zukunft liegenden Rente gesichert (was träumte ich damals eigentlich nachts?).

Die Geburt unseres zweiten Kindes hatte aber zur Folge, dass *Sarah* wieder ihren geliebten Dienst in der Praxis auf Zeit quittierte und sich von Neuem hauptsächlich um die Familie und den Haushalt kümmerte. Die ersten Jahre danach schien das auch zu funktionieren, es waren ja im näheren Umfeld die Verwandten und viele Freunde verfügbar, mit denen wir regen Kontakt pflegten und durch die wir genügend Zerstreuung und Ablenkung fanden.

Wenn ich an diese Zeit zurückdenke, frage ich mich ernsthaft, ob damals wirklich alles so im Lot war, wie ich glaubte, oder verdrängte ich blauäugig die langsam aufkommenden Signale und Vorboten einer Ehekrise ?

Es zog mir den Boden unter den Füßen weg

Verrücktheit muss nicht unbedingt Zusammenbruch sein. Sie kann auch Durchbruch sein. Sie ist potentiell so sehr Befreiung und Erneuerung wie Versklavung und existentieller Tod.
Ronald D. Laing

In der SMS, die ich von *Sarah* erhielt, stand, dass sich der Zug vom Schwarzwald um circa eine halbe Stunde verspäten werde, ich hatte daher noch ein wenig mehr Zeit, zu Hause – mehr oder weniger oberflächlich – „klar Schiff" zu machen, bevor ich beide vom Bahnhof in Landshut abholte. Ja, mit dem Thema Sauberkeit im Haushalt hatten wir die letzten Jahre schon unsere Diskussionen, obwohl ich mich selbst durchaus für ordentlich halte, aber das sah meine Ehefrau offenbar anders. Ich fragte mich oft, wer hier eigentlich den objektiven Standard oder die Messlatte vorgab. Ein gutes Pferd springt nur so hoch, wie es muss! Gut, neben Wischen, Staubsaugen und Rasenmähen konnte ich künftig schon noch die ein oder andere Aufgabe im Haus übernehmen, kein Problem. Die Frage war nur: Würde die Qualität *Sarahs* Ansprüchen genügen?

Marc und *Sarah* kamen sehr gut erholt zu Hause an. Aber die Distanz, die ich im Schwarzwald zwischen *Sarah* und mir verspürt hatte, bestand – wie insgeheim erwartet – unvermindert. Heute würde ich sagen, es handelte sich hier um ein klassisches Beispiel für eine „selbsterfüllende Prophezeiung". Schauen wir halt mal, so dachte ich, wie es künftig weitergeht; ich bin ja geschult in Kommunikation und kann als Account Manager mit empathischen Fähigkeiten gut mit Menschen umgehen, das bekommen wir schon wieder hin.

Da *Sarah Marc* fast immer zum Klettern begleitete, hatte sie ebenfalls mit dem Klettern angefangen. Ich fand es wirklich sinnvoll, dass sie auf diese Weise das Angenehme mit dem Nützlichen verbinden konnte (so naiv dachte ich damals noch). Eines Abends kam sie von einem Besuch bei ihrer Freundin nach Hause und fragte mich, ob wir mal reden könnten. Dann offenbarte sie mir das Folgende:

„Ich habe mich in der Zeit, als ich mit Marc zur Kur war, entschlossen, dass ich dich verlassen und alsbald ausziehen werde!"

Da musste ich erst mal schlucken und versuchen zu begreifen, was sie gerade gesagt hatte! Es dauerte eine gefühlte Ewigkeit und ich glitt in einen sanften Schockzustand hinüber. Ich hatte das Gefühl, dass es mir gerade den Boden unter den Füßen wegzog, und wusste lange nicht, was ich darauf sagen oder wie ich reagieren sollte! Stattdessen kamen mir lauter Fragen in den Sinn: „Wie kann sie mir so etwas antun? Wir haben doch erst ein Haus zusammen gebaut! Wieso hat sie mit mir darüber nicht schon früher gesprochen bzw. warum hat sie nicht früher mal konkret angedeutet, dass sie über eine Trennung nachdenkt? Wir hätten dann ja noch Wege finden können, die Ehe zu retten! Was wird aus den Kindern, vor allem aus *Marc*?"

Als ich wieder bei Sinnen war, stellte ich ihr diese Fragen dann alle, doch sie war so fest in ihrem Entschluss, alles aufzugeben (die Sturheit eines Stieres; was ich mal beschlossen habe, bleibt so!), dass ich mir nicht mehr zu helfen wusste und (fast) handgreiflich wurde (so etwas hatte ich früher auch nicht mal ansatzweise getan). Weinen hatte ich schon vorher wieder gelernt, nämlich nachdem wir in Regensburg von *Marcs* schwerer Krankheit erfahren hatten, aber nach dieser Offenbarung konnte ich mich auch hier nicht mehr halten. Die folgenden Wochen versuchte ich verzweifelt, sie mit allen legalen Mitteln zu überzeugen, ihren Entschluss doch zu überdenken. Müßig zu erwähnen, dass dies ein sinnloses Unterfangen war, keine Chance!

Da ich damals noch wenig von Psychologie (vor allem der von Frauen) verstand, sah ich mich hier ganz klar in der Rolle des Opfers: Wie kann sie mir so etwas antun, ich habe doch immer sehr gut für die ganze Familie gesorgt, bin tief altruistisch veranlagt, war ihr bis zu diesem Tage nie untreu, habe mich vom Aussehen her gut gehalten und sie auch spüren lassen, dass ich sie immer noch auf eine gewisse Art liebe, habe mir auch sonst nichts Anrüchiges zuschulden kommen lassen, warum das alles nur mir und warum bei uns …!

Wir waren gerade dabei, den Umzug ins neue Haus vorzubereiten, das nur wenige hundert Meter entfernt lag. Wir machten uns beide im ersten Stock zu schaffen, als das Telefon klingelte. *Sarah* ging ans Telefon und kurze Zeit später fing sie bitterlich an zu weinen. Ich ging aufgeregt auf sie zu, fasste sie am Arm und fragte, was denn los sei! „Lass mich in Ruhe“, rief sie aufgeregt! Ich verstand ihre Reaktion überhaupt nicht und fragte sie nochmals: „Was ist denn passiert?“ Da erfuhr ich von ihr, dass ihr Vater gerade in der Klinik verstorben war. Das machte mich ebenfalls sehr betroffen und ich musste die traurige Nachricht erst mal verdauen. Danach kam mir als Erstes in den Sinn, wieso sie mir eigentlich so aggressiv begegnet war.

Über diese Situation dachte ich später oft nach. Hatte der Tod des geliebten – in Kindertagen von *Sarah* und ihren Brüdern aber auch wegen seiner autoritären Erziehung gefürchteten – Vaters etwas damit zu tun, dass sie den (von langer Hand geplanten?) Entschluss, ihre Ehe zu beenden, wirklich in die Tat umsetzte? Vielleicht schien ihr die Zeit nun reif dafür; der gestrenge Vater konnte sie für eine solche Entscheidung nicht mehr rügen.

Eine andere Aussage ihrerseits irritierte mich ebenfalls sehr. Auf meine Frage, ob ihr das neue Haus denn gar nichts wert sei – wir hatten es ja auch deshalb gebaut, um den Kindern später mal etwas Krisensicheres vererben zu können –, meinte sie nur lapidar: „Als ich das erste Mal in die Baugrube sah, wusste ich, dass mir dieses Haus nichts bedeutet." Aha, dachte ich, das hätte ihr aber auch ein bisschen früher einfallen können. Wie weit sie sich unmittelbar nach dem Umzug emotional schon von mir entfernt hatte, konnte ich daran erkennen, dass sie nach jedem krummen Nagel an der Wand oder leicht schiefem Einbauschrank sofort auf mich losging und nicht nur meine handwerklichen Künste heftig kritisierte, sondern meine ganze Person.

Eines ihrer Argumente für die Trennung war der Oberbegriff „Gefühle". Heute hätte ich ihr gesagt, wie normal es ist, dass sich nach drei bis sieben Jahren die berühmten Schmetterlinge im Bauch ziemlich verflüchtigt haben (der Ausdruck vom verflixten siebten Jahr kommt ja nicht von ungefähr), der Hinweis auf biochemische Prozesse im Körper hätte aber wohl nicht wirklich geholfen. Ich verstand nicht, was meine Frau dazu brachte, eine – aus meiner Sicht – gut funktionierende Ehe nach fast fünfundzwanzig Jahren einseitig zu beenden?

Psychologie ist der Wortherkunft nach die Wissenschaft von der Seele; praxisnäher ausgedrückt geht es um das „Erleben und Verhalten" der Menschen. Auf jeden wirkt eine Situation oder Aussage anders und entsprechend reagiert dann jeder auch unterschiedlich.

Die schwere Zeit in der Klinik

Die folgenden Szenen und Vorfälle werde ich mein Leben lang nicht vergessen. Wir mussten nach der Diagnose eines möglichen Gehirntumors bei unserem Sohn sofort von der Kinderonkologie in die Chirurgie der Barmherzigen Brüder – beides in Regensburg – fahren, damit er noch am selben Tag operiert werden konnte. Aufgefallen war uns, dass mit *Marc* irgendetwas nicht stimmen konnte, da er in den letzten Wochen sehr stark abgenommen hatte, ihm morgens oft übel war und er sich erbrechen musste, plus der alarmierenden Aussage von ihm, dass er ab und zu Doppelbilder wahrnahm. Einmal hatte ich ihn sogar kritisiert, da er beim Kindertennistraining – eben wegen dieses Umstands, der mir damals aber noch nicht bekannt war – so gut wie keinen Ball traf. Schäme mich heute noch abgrundtief dafür! Der Oberarzt nahm den damals Neunjährigen über eine Art Tresen in Empfang und wir wussten nicht, ob und wann wir ihn heil zurückbekommen würden. Am Ende dauerte die Operation über zehn Stunden, der bösartige Tumor wurde im Bereich des Kleinhirns entfernt, aber welche Folgen die Operation haben und wie es danach weitergehen würde, war uns allen damals noch nicht klar. An dem Tag weinte ich das erste Mal nach vielen Jahren, *Sarah* ebenfalls und wir sprachen uns am Ende Mut zu, dass wir das gemeinsam schon schaffen würden, auch im Sinne der Zukunft unseres Sohnes. Unnötig zu erwähnen, dass der Schock über die Krebsdiagnose auch unsere nähere Verwandtschaft zutiefst getroffen hatte.

Da stellten sie sich ein, die bohrenden Fragen, auf die es keine Antworten gibt: Warum hat es unser Kind getroffen? Warum wir? Was haben wir verbrochen? Wieso trifft es immer die Falschen? Wie deprimierend es ist, wenn das eigene Kind an einer heimtückischen Krankheit leidet, die statistisch gesehen nur 0,037 % der

Bevölkerung bekommen! So etwas lässt einen an der Gerechtigkeit in dieser Welt zweifeln – mit Recht, wie ich immer noch meine.

Was dann für unseren Sohn folgte, war der klassische Weg nach einer Krebserkrankung. Unzählige Bestrahlungen in der Uni-Klinik und danach Chemotherapien in der Kinderonkologie der St.-Hedwigs-Klinik in Regensburg. Sehr hilfreich war für uns damals, dass es einen gemeinnützigen Verein mit dem Namen VKKK (Verein zur Förderung körperbehinderter und krebskranker Kinder) in Regensburg gab, sie hatten auch ein Elternhaus in der Nähe des Krankenhauses, wo die Eltern der erkrankten Kinder kostenlos übernachten und ihrem Kind in der Zeit des Klinikaufenthaltes nah sein konnten. Kurze Zeit später traten wir beide dem Verein bei, ich spende bis heute jedes Jahr für den Verein, auch aus Dankbarkeit, weil sie uns in der ohne Zweifel schwersten Phase unseres Lebens so außergewöhnlich gut unterstützt haben. Als ich meine Ausbildung als Personal Coach beendet hatte, führte ich ehrenamtlich beim VKKK-Personal für das neue Elternhaus Supervisionen zum Thema „Umgang mit Betroffenen“ durch, eine weitere Aktion, um etwas von dem zurückzugeben, was wir damals an Hilfe bekamen.

Die Phase der intensiven Behandlung von *Marc* in Regensburg dauerte circa sechs Monate. Hier und da löste ich meine Frau in der Klinik ab und blieb bei ihm (teils auch über Nacht), damit sich *Sarah* noch um andere Dinge kümmern konnte; auch unsere Tochter durfte nicht zu kurz kommen. In der Arbeit lief es in der Zeit ebenfalls nicht gerade optimal. Wir befanden uns gerade mitten in der Phase, in der die Internet-Blase zu platzen drohte und die Kunden ihre Investitionen in IT stark zurückfuhren, was auch meine damalige Firma unvorbereitet traf. Unnötig zu erwähnen, dass der Vertrieb, der das Geld verdienen musste – und ich war damals schon einer von denen –, hier besonders unter Druck stand, was der Chef natürlich jeden Tag aufs Neue bewies. Oft war es nicht einfach zu erklären, warum ich bei meinem Sohn in der Klinik war anstelle beim Kunden! Was mir aber aus dieser Zeit in Regensburg fest in Erinnerung blieb:

- Abends, wenn *Marc* schlief und ich im Elternhaus des VKKK meine geschäftlichen E-Mails bearbeitet hatte, ging ich des Öfteren in die nahe gelegene Altstadt zum Essen und machte ausgedehnte Spaziergänge, um meinen Gedanken nachzuhängen und um „Trübsal zu blasen".
- Ich trank hier und da zu viel Bier (lag wohl mit daran, dass eine bekannte lokale Brauerei mit Ausschank gleich um die Ecke ihren Sitz hatte), was mich sehr schwermütig machte und mich oft wegen unserer aktuellen deprimierenden Situation in Tränen ausbrechen ließ.
- Der Besuch eines Konzertes in der Kirche am Neupfarrplatz in der Vorweihnachtszeit, es wurde das Requiem von Maurice Duruflé aufgeführt, was mich emotional sehr ergriff. Ich betete (obwohl ich seit vielen Jahren konfessionslos bin) das ganze Requiem hindurch dafür, dass unser Sohn wieder ganz gesund werde.
- Am allermeisten hat mich fasziniert, wie tapfer und klaglos er all die Strapazen der Bestrahlungen und Chemotherapien ertragen hat, dafür hat er noch heute meine grenzenlose und dauerhafte Liebe, Anerkennung und Bewunderung.

Über zehn Jahre danach ist *Marc* vom Krebs so gut wie genesen (er muss einmal im Jahr zur Vorsorgeuntersuchung), er hat aber einen Behindertenstatus, da er nach der damaligen Operation – nach der er fast ein Jahr im Rollstuhl verbringen musste – auf der linken Seite noch leichte motorische Störungen und Konzentrationsdefizite hat. Mit sehr viel Energie und Fleiß hat er inzwischen seinen Schulabschluss gemacht und eine Ausbildung als Bürokraft in München erfolgreich abgeschlossen, eine großartige Leistung.

Als Problem sehe ich, dass die Gesellschaft diese Leistungen leider nicht in der Form anerkennt, wie es angemessen wäre. Nach der anfänglichen Betroffenheit von ehemals guten Freunden und Bekannten kam dann sehr bald die Phase einer gewissen Distanzierung. Einmal bekamen wir in der Klinik Besuch von damaligen Nachbarn, doch leider durften sie den Bereich der Onkologie nicht betreten, wegen Ansteckungsgefahr für die Patienten. Über den unverhofften Besuch freuten wir uns trotzdem sehr. Ich kann mich nur an ein paar wenige erinnern (denen bin ich heute immer noch sehr dankbar), die *Marc* und uns so angenommen und akzeptiert haben, wie wir damals waren, und sich nicht schleichend von uns entfernten.

Aber wer konnte es ihnen verdenken? Immer wieder vor Augen geführt wurde mir unsere Situation mit *Marc*, wenn wir mit den gleichaltrigen Kindern der Geschwister und verbliebenen Bekannten zusammen waren. Sie konnten sich ungehindert dank ihrer sehr guten Anlagen weiterentwickeln (im Sport, in der Schule oder im Studium) und die stolzen Eltern rückten das entsprechend in den Vordergrund. Aber in der Regel erkennt man erst nach einem Verlust, was man verloren hat. Vorher ist es normal, etwas zu besitzen (wie Gesundheit, materielle Dinge und so weiter). Das führte natürlich dazu, dass wir oft über die eigene unglückliche Lage reflektierten und dass immer wieder alte Wunden aufgerissen wurden, was teilweise richtig wehtat! Aber wer wird schon darauf vorbereitet, mit so einer Situation adäquat umzugehen, sensibel zu reagieren und zu handeln? Das Gleiche gilt natürlich für uns. Nichtsdestotrotz war die komplette Verwandtschaft unsere große – und leider am Ende auch einzige – Stütze in dieser sehr schwierigen Zeit.

Die „wahren Gründe" der Trennung?

In jeder großen Trennung liegt ein Keim von Wahnsinn; man muß sich hüten, ihn nachdenklich auszubrüten und zu pflegen.
Johann Wolfgang von Goethe

Es ist müßig, über die Gründe zu spekulieren, die am Ende zur Trennung führten. Wichtig erscheint mir aber doch, mit dem ehemaligen Partner nach einem Trennungsentschluss fair und offen umzugehen. Bei meinem konkreten Fall dachte ich damals an die folgenden, „für mich wahren Gründe" dafür, dass die Ehe schließlich in die Brüche ging (ich konnte sie damals aber noch nicht erklären):

- Unzufriedenheit der Ehefrau darüber, dass sie lange Jahre hinweg auf ein Leben als Hausfrau und Mutter reduziert war.
- Beruflich erzwungener Umzug von Mittelfranken nach Niederbayern, mit dem damit verbundenen Bruch sozialer Bindungen.
- Selbst auferlegter Zwang zur – objektiv gesehen, soweit das möglich ist – übertriebenen Reinlichkeit im Haushalt (im Volksmund auch „Putzfimmel" genannt).
- Befriedigung des Bedürfnisses nach Anerkennung durch Eingehen einer neuen Liebesbeziehung.
- Das befreiende Gefühl, nochmals von vorne anfangen zu können und den alten Ballast hinter sich zu lassen.
- Das Gefühl, auch nach Trennung und erfolgter Scheidung finanziell gut abgesichert zu sein (der Trennungsausgleich und der Zugewinn machten das möglich; „shame on you, Justizministerium", so dachte ich damals).

Kurz nach Offenbarung der Trennungsabsichten stellte sich heraus, dass *Sarah* zwischenzeitlich doch eine neue Beziehung aufgebaut hatte, und zwar mit dem Übungsleiter aus *Marcs* Klettergruppe! Kein Wunder, dass *Sarah* immer öfters mit ihm zum „Trainieren" ging, so konnte sie ihrer neuen Liebschaft ja nahe sein, ohne Aufmerksamkeit oder Misstrauen zu erregen. Obwohl sie bei den unausbleiblichen – und von mir zum Teil dann auch aggressiv geführten – Streitgesprächen immer beteuerte, dass der neue Mann in ihrem Leben nicht der wahre Trennungsgrund sei – dass zu der Zeit noch gar keine Beziehung bestanden habe –, teilte sie mir relativ bald darauf mit, dass sie zusammen mit *Marc* am Ende des Jahres zu ihm ziehen werde!

Warum zählen die guten Dinge am Ende nichts?

Eines der traurigsten Dinge im Leben ist, dass ein Mensch viele gute Taten tun muss, um zu beweisen, dass er tüchtig ist, aber nur einen Fehler zu begehen braucht, um zu beweisen, dass er nichts taugt.“
George Bernard Shaw

Haben Sie schon mal den Ausdruck „Nullsummenspiel“ gehört? Das ist im Prinzip nichts anderes als: „Der Gewinn des einen ist der Verlust des anderen.“ Heißt im Klartext, es gibt immer einen klaren Sieger und einen klaren Verlierer. So wie bei einer Wette. Als Beispiel: Hans wettet mit Erich, heute gewinnt mein Fußballverein gegen deinen und ich wette darauf 10 Euro. Gewinnt der Verein von Hans, bekommt er von Erich die 10 Euro (Erich macht also 10 Euro Verlust, die Hans als Gewinn für sich verbuchen kann). Genauso umgekehrt.

Wie verhält sich das nun in einer Ehe? Macht es Sinn, sich so zu verhalten, dass mein Gewinn (also wo ich mich mit meiner Entscheidung oder Meinung gegen den Partner durchsetze) zugleich der Verlust des Ehepartners ist? Falls ja, ist das emotional gesehen wirklich ein Gewinn für den einen? Verlieren dann am Ende nicht beide? Wäre es nicht sinnvoll, eher auf ein „Nicht-Nullsummenspiel“ zu setzen? Das heißt konkret, es läuft in der Regel auf einen Kompromiss hinaus oder beim nächsten Mal gewinnt halt der andere, um so für eine Ausgewogenheit in der Summe der Gesamtentscheidungen zu sorgen. Damit könnte man von beiden Seiten dann auf Dauer ganz gut leben, oder?

Darüber hinaus kann man die einzelnen Entscheidungen oder Streitobjekte noch mit einer Priorität versehen, zum Beispiel innerhalb einer Spanne von eins bis zehn. Wenn als Resultat in etwa die gleiche Punktzahl für jeden rauskommt, dann dürfte es ja überhaupt keine Diskussionen mehr über Benachteiligungen oder Bevorteilungen mehr geben, richtig?

Doch leider scheint so etwas in einer komplexen Beziehung wie einer Ehe nicht zu funktionieren, da der emotionale Faktor nur unzureichend berücksichtigt wird, und der ist für jeden der beiden oft sehr unterschiedlich gewichtet ist, denken Sie nicht auch? Das würde ja zum Beispiel heißen, ich habe die letzten fünfzehn Jahre sehr hart gearbeitet, um für uns (für den Ehepartner und auch für die Kinder) ein Haus bauen zu können, und dafür müsst du mir jetzt für alle Zeiten dankbar und gefügig sein! Oder, weil ich einen guten Job habe, können wir es uns leisten, jede Woche zusammen essen zu gehen und zwei- bis dreimal im Jahr in den Urlaub zu fahren (die Punkte, die in einer langjährigen Ehe nicht mehr so optimal sind, lasse ich für diese Betrachtung mal weg, aber die sollten objektiv gesehen eher zu den Nebensächlichkeiten zählen).

Dass dies in der Praxis wie oben beschrieben nicht funktioniert, kann wohl jeder nachvollziehen. Sachen, die man über einen längeren Zeitraum im Überfluss genießen kann, machen auf die Dauer nicht wirklich glücklich, da man sprichwörtlich satt davon wird. Das gilt für die meisten Punkte (wie Geld oder Besitz von Luxusartikeln), nichts macht auf Dauer glücklich und zufrieden, von Nachhaltigkeit kann hier leider keine Rede sein. Die Frage ist aber nun: Wie schafft man es, den Partner dauerhaft „bei Laune zu halten“ und sich dabei um die wichtigen Dinge des täglichen Lebens zu kümmern, ohne dass ein Gefühl der Abhängigkeit entsteht (mit der damit verbundenen Unzufriedenheit über die eigene Situation)?

Woher oder wie kann ich in Erfahrung bringen (wenn er es einem nicht von sich aus sagt), wie es meinem Partner zurzeit überhaupt geht, in welcher Lebens- oder Krisenphase er sich aktuell befindet und ob die Gefahr einer seelischen Erkrankung (wie Burn-out oder Depressionen) noch auszuschließen ist? Wenn Burn-out, in welcher Phase befindet sich der Partner gerade? Mit alldem können wir als „normale Ehepartner" wohl nicht so richtig umgehen, oder?

Dann schauen wir mal, wie es weitergeht

Man braucht vor niemandem Angst zu haben. Wenn man jemanden fürchtet, dann kommt es daher, dass man diesem Jemand Macht über sich eingeräumt hat.
Hermann Hesse

In den bekannten Phasenmodellen einer Krise von Verhaltens- und Kommunikationsforschern wäre ich schon relativ weit gekommen. Die Schock- und Verdrängungsphase hätte ich – mehr oder weniger – elegant gemeistert, zur Einsicht war ich aber leider noch nicht gekommen. Etwas in mir versuchte hartnäckig, das, was an solch einer Situation als positiv angesehen werden kann, zu bekämpfen; ich konnte mich dagegen nicht wehren. Nicht genug, dass sich *Sarah* im Jahr der Silberhochzeit von einem (meiner damaligen Meinung nach fast) idealen Ehepartner wie mir trennen wollte (was auch für die beiden Kinder eine ungewissere Zukunft bedeutete, vor allem für *Marc*, der ja noch länger die Unterstützung beider Elternteile benötigen würde), sich nach relativ kurzer Zeit an einen neuen Mann band (hatte sie nicht bei der Trennungsankündigung erwähnt, das Thema Mann und Wäschewaschen für die nächste Zeit komplett ausblenden und sich wieder mehr sich selbst widmen zu wollen?), jetzt verlangte sie auch noch den goldenen Handschlag von mir, um ihre Zukunft ohne finanzielle Sorgen planen zu können. Wo war da die Rechtfertigung? Hätte ich die letzten zwanzig Jahre einen normalen Job gehabt, wäre auf der hohen Kante nichts übrig geblieben und was könnte dann geteilt werden? Sollte ich nun dafür noch bestraft werden, dass ich für die Familie Vermögen geschaffen hatte, auf Kosten von Zeit für Ehefrau, Kinder und eigene Freizeit? Ein dicker Hund!, dachte ich.

Der Sinn und Unsinn unserer Gesetze

Auf meinen Vorschlag hin einigten wir uns darauf, das Thema Ehescheidung mit so wenig Aufwand (finanziell und administrativ) wie möglich und vor allem schnell über die Bühne zu bringen, da wir das Trennungsjahr im eigenen Haus, getrennt von Tisch und Bett, schon eingeleitet hatten. Sicherheitshalber kaufte ich mir einen „Scheidungsratgeber", wollte der Justiz zu diesem Thema nicht unvorbereitet gegenübertreten. Aus diesem Grund saßen wir nun bei einer Anwältin in Landshut, die zwar nur die Interessen eines Klienten (in diesem Falle die der Ehefrau) vertreten konnte, sich aber auch um die Abwicklung meiner Belange vor Gericht kümmerte. Eigentlich war alles so weit im Vorfeld klar, da wir als gesetzlichen Güterstand die Zugewinngemeinschaft hatten und alle Werte innerhalb der Ehezeit geschaffen wurden. Hieß im Klartext, alles wurde 50 zu 50 geteilt. Das Gute daran war, dass dadurch der Streitwert relativ gering war und die Kosten für das Gericht und die Anwältin überschaubar blieben.

Was mir aber im hohen Maße sauer aufstieß, war, dass ich für die gesamte Zeit des Trennungsjahres die Hälfte meines Nettogehaltes pro Monat an *Sarah* überweisen sollte, zusätzlich zum Unterhalt für *Marc* (die Höhe des monatlichen Unterhaltes richtete sich nach der ominösen „Düsseldorfer Tabelle", ich war mit dem Höchstsatz dabei). Für *Maria* musste ich nichts mehr bezahlen, da sie schon berufstätig war. Da stellte ich zum ersten Mal unsere Gesetzgebung so richtig infrage! Wer macht denn solche Gesetze? Sind das nicht immer nur faule Kompromisse zwischen den aktuellen Koalitionspartnern, wo jeder sein (Partei-)Gesicht wahren, seiner Klientel gerecht werden will/muss, da er sonst nicht mehr gewählt wird? Wie soll da die beste Lösung für die Mehrzahl der Bürger gefunden werden? Gut, einmal setzt sich der eine Koalitionspartner durch, beim nächsten Gesetz dann der andere (kommt uns bekannt vor; siehe Nullsummenspiel).

Nach fünfzehn Monaten wurden wir geschieden. In der Zeit floss sehr viel Geld an die heutige Ex-Frau und die Kalkulation dafür basierte auf meinem Einkommen der letzten zwei Jahre (wo es finanziell noch ganz gut lief). Da interessierte niemanden vom Gericht oder von der Anwaltskanzlei, dass die Firma, bei der ich damals arbeitete, gerade von einer anderen US-Firma aufgekauft worden war. Die Angestelltenverträge wurden zwar übernommen, aber konnte ich das Gehaltsniveau in den nächsten Monaten überhaupt halten? Im Vertrieb hat man in der Regel einen sehr hohen variablen Anteil am Gehalt, laufen die Geschäfte, rollt der Rubel, laufen sie nicht, hast du gleich bis zu 50 % weniger in der Lohntüte (vom Ärger mit dem Chef mal ganz abgesehen). Zu allem Übel versuchte die alte Firma vor der offiziellen Verschmelzung mit der neuen, ihre altgedienten (und somit teuren) Mitarbeiter noch mit einem Abfindungsangebot loszubekommen – Gott sei Dank auf freiwilliger Basis. Aber alles in allem, kein wirklich guter Start in die weitere berufliche Zukunft. Versuche, die Firma in dieser ungewissen Zeit zu wechseln, scheiterten kläglich, mit knapp fünfzig Lebensjahren nimmt dich auch in der heutigen IT-Branche kein Mensch mehr.

Am Ende verkauften wir dann das zwei Jahre alte Haus zum Selbstkostenpreis, *Sarah* bekam die Hälfte des Geldes plus die Hälfte des Inventars, sie zog mit *Marc* zu ihrem neuen Lebensgefährten, die Tochter *Maria* bezog eine Ein-Zimmer-Wohnung in Landshut und ich zog näher in Richtung München, in eine Mietwohnung nach Erding („da wo das Weißbier haust“).

Noch in der verbleibenden Zeit im Haus kamen mir während der eintönigen Fernsehabende alleine (der Rest der Familie war schon ausgezogen) die ersten wehmütigen Gedanken. Sie kreisten im Wesentlichen darum, was ich alles die letzten Wochen und Monate verloren hatte; die Ehe natürlich, die Kinder sah ich nun auch nicht mehr so oft wie früher, ich musste mich innerhalb einer neuen Firma zurechtfinden – die so einen wie mich eigentlich gar nicht mehr wollte –, und das Einzige, was mir blieb, waren meine Sportkameraden vom Tennisclub, die ich noch regelmäßig traf. Die Zukunft sah düster aus. Ein wirklicher Freund, bei dem ich mich mal richtig ausweinen hätte können, fehlte mir auch, was mich zusätzlich emotional runterzog.

Ich spürte, dass meine Energie und der Antrieb, ständig neue Dinge anzugehen, merklich nachließen, kämpfte mit Schlafstörungen und hatte auch an der Arbeit keine richtige Freude mehr. Was hatte sich in mir die letzten Jahre so alles aufgestaut? Wie wirkte die lange Phase der Krankheit meines Sohnes auch bei mir nach und was hatte der ständige Leistungsdruck in der Firma bei mir schon an körperlichen und/oder psychischen Schäden angerichtet? Dazu kam noch die relativ schlechte Ernährung während meines Single-Daseins. Wie lange schon hatte ich die aufkommenden Symptome dieser Orientierungslosigkeit unbewusst unterdrückt? War ich vielleicht doch nicht der eisenharte Typ, an dem so etwas abprallt, wie ich in guten Zeiten immer dachte? Steckte in mir doch der sprichwörtliche weiche Kern? Immer öfters ertappte ich mich nach zwei, drei Bierchen bei dem Gedanken an einen erlösenden Freitod, um meinem erbärmlichen Leben ein Ende zu setzen!

Mein Favorit zum Schluss war die Variante mit dem Fahrrad; hier wollte ich nach einer Schussfahrt auf einer Alpenstraße frontal gegen einen Baum fahren, der direkt an einem tiefen Abgrund stand. Doppelt genäht hält besser. Ein Abschiedsbrief gehörte natürlich auch dazu, in jedem Falle mit einem Vermerk, dass mich die ehemalige Ehefrau auf dem Gewissen hatte! Aber waren das nun wirklich

Gedanken der Selbstaufgabe oder steckten eher andere Absichten dahinter? Was war das Ziel hinter dem Ziel? Das Umsetzungsdefizit am Ende war jedoch immer; eigentlich hing ich noch viel zu stark am Leben, war für eine solche Tat einfach zu feige und wollte mir und meinem Umfeld beweisen, dass ich wieder aufstehen und etwas Neues aufbauen konnte.

Wie auch immer, ich entschloss mich kurzerhand, meinen Hausarzt im Nachbardorf aufzusuchen, erzählte ihm, wie es mir so ging, und er kam innerhalb weniger Minuten mit der Diagnose „Burn-out-Syndrom" um die Ecke und überwies mich zu einem Psychiater! Verwundert darüber, wie er so schnell und auf der Basis von oberflächlichen Informationen eine solche Diagnose stellen konnte, nahm ich die Aussage zur Kenntnis und gab mich damit vorerst zufrieden.

Sollte ich nun zu einem Psychiater gehen und mich wegen eines diagnostizierten Burn-out-Syndroms behandeln lassen? Trotz Zweifel rief ich dann doch bei einigen praktizierenden Psychiatern an, musste aber erfahren, dass die Wartezeiten für einen Termin drei bis fünf Monate betrugen, was mich auch wieder nicht richtig begeisterte. Resigniert beschloss ich, mein Schicksal selbst in die Hand zu nehmen, jedoch noch ohne konkrete Vorstellungen, was ich tun wollte und musste, um aus diesem persönlichen Tiefgang wieder herauszukommen.

Warum nicht in die Offensive gehen?

Gegen Angriffe kann man sich wehren, gegen Lob hingegen ist man machtlos.
Sigmund Freud

Kurz nachdem mir *Sarah* mitgeteilt hatte, dass sie sich von mir trennen wollte, ahnte ich unterschwellig, dass ich wohl sehr bald ohne eine weibliche Person an meiner Seite dastehen würde. Dieser Gedanke gefiel mir ehrlich gesagt überhaupt nicht. Ich hatte mein Selbstbild die letzten Jahrzehnte immer mit einer Frau an meiner Seite verknüpft, aber das schien nun zu zerbrechen. Vom Eifer getrieben, schnell wieder eine Frau an meine Seite zu bekommen – und nebenbei der ehemaligen Frau zu zeigen, dass sie einen großen Fehler begangen hatte, indem sie mich verließ, da ich für andere Frauen offensichtlich noch sehr interessant und attraktiv war –, machte ich mich strategisch an den Plan, eine neue Frau oder eine Liebschaft zu finden. Man sieht, langsam kam ich aus der Talsohle ein wenig heraus, ich fasste wieder Mut, akzeptierte weitgehend die veränderte Situation, wollte wieder etwas wagen. Vor einem Rückfall war ich in meinem labilen Zustand jedoch nicht gefeit.

„Bayer sucht Frau“

Wie macht man so etwas, ich hatte es ja in den letzten Jahrzehnten total verlernt. Versuch es einfach, sagte ich mir, misch dich wieder unter das Volk und schau, was geht. Egal, was es kostet, zu verlieren hast du nichts mehr. Da ich immer sportlich aktiv war und auf mein äußeres Erscheinungsbild von jeher großen Wert legte, vertraute ich darauf, dass ich für die Damenwelt noch nicht zu unattraktiv war. Gesagt, getan; ich fing an, auf Dienstreisen die ein oder andere Dame konkret auf bestimmte Absichten anzusprechen. In einem schlauen Buch hatte ich mal gelesen, man solle einmal pro Tag „über die rote Linie gehen“, um zu erleben, wie es sich dort anfühlt, einfach um seinen Horizont und Erfahrungsschatz zu erweitern. Das nahm ich wohl hier und da zu wörtlich, manche Dame war davon wirklich „not amused“! Ich war überrascht, dass ich dann und wann (natürlich nach einer Vielzahl von Pleiten) doch Gehör fand und dem weiblichen Geschlecht wieder etwas näherkam. Das half mir am Anfang, mein angeschlagenes Selbstwertgefühl etwas zu heben, brachte auch ein wenig Bestätigung, aber eine Lösung auf Dauer war das leider nicht. Gott sei Dank – gab es jedoch mittlerweile das Internet und darin auch jede Menge Seiten, die sich mit Partnervermittlung beschäftigten. Hier versuchte ich ab jetzt zusätzlich mein Glück.

Als Fazit kann ich an der Stelle bemerken: Reif oder bereit für eine neue Beziehung war ich in dieser Zeit definitiv noch nicht. Heute tut es mir leid, dass ich die ein oder andere Frau am Ende doch bitter enttäuscht habe und mich in einer Nacht-und-Nebel-Aktion oder mit fadenscheinigen Argumenten davongeschlichen habe. Die alten Wunden schmerzten leider noch zu stark!

Der Besuch in einer anderen Welt

Der Flug nach Minsk, Weißrussland, über Warschau, sollte relativ früh in München starten. Planmäßige Landung war am frühen Nachmittag mit einer Zeitverschiebung von minus zwei Stunden zur mitteleuropäischen Zeit. Letzter Check der Papiere, hatte ich nichts vergessen? Reisepass, Visum, Auslandskrankenversicherung, Bargeld (Weißrussische Rubel). Gut, alles in Ordnung, aber am Gate tat sich noch nicht viel, obwohl wir kurz vor dem offiziellen Beginn des Boardings standen.

Ein bisschen mulmig war mir schon, wenn ich daran dachte, was diese Woche vor mir lag. Ich fuhr in ein wildfremdes Land, verstand die Sprache nicht (vom kyrillischen Alphabet ganz zu schweigen), wollte mich mit einer weißrussischen Frau treffen, die ich über das Internet kennengelernt hatte – und hegte die Hoffnung, dass sie die passende Partnerin für die Zukunft sein werde. Aber etwas in mir sagte: Dies ist eine ganz besondere Frau, fahr zu ihr, sonst bereust du es vielleicht später. Was mir fehlte, um mein „zweites Leben" schwungvoll angehen zu können, war eine neue und vor allem dauerhafte Beziehung.

Jetzt waren wir schon eine halbe Stunde über der geplanten Abflugzeit, am Gate hatte sich eine lange Schlange mit Fluggästen gebildet, die wissen wollten, wann es endlich losgehe. Nach etwa zehn weiteren Minuten kam dann endlich eine Nachricht über den Lautsprecher: „Sehr verehrte Fluggäste, wir bedauern, Ihnen mitteilen zu müssen, dass die für diesen Flug eingesetzte Maschine leider einen technischen Defekt hat und der Flug komplett gestrichen werden muss"! Das konnte nicht wahr sein, ich flog seit zwanzig Jahren regelmäßig durch die Welt, hatte bisher nie einen Flug verpasst, und gerade heute passierte so etwas! Ich versuchte, am Schalter der Fluglinie abzuklären, wie ich jetzt nach Warschau und zu meinem Anschlussflug nach Minsk kommen sollte. Mit dieser Airline ging an diesem Tag gar nichts mehr, deswegen buchten sie mich komplett auf eine andere Fluglinie um und ich sollte – zum Glück – noch am gleichen Tag über Prag nach Minsk fliegen.

So war der Plan, doch einen freien Platz gab es nur bis Prag, für den Weg von Prag nach Minsk war ich lediglich auf der Warteliste. Wie das Leben so spielt, bekam ich für den geplanten Flug keinen Platz mehr, aber die Fluglinie bot mir einen Betrag von € 250 in Form eines Gutscheins und einen kostenlosen Hotelaufenthalt in der Innenstadt von Prag an, was ich aus Mangel an Alternativen auch annahm. Selten ein Schaden ohne Nutzen: Ich wollte seit Jahren wieder mal nach Prag und kam nun unverhofft zu einem Besuch im Ständetheater in der Altstadt, wo einst Mozarts *Don Giovanni* uraufgeführt wurde. Am nächsten Tag ging es mit dem Taxi zum Flughafen und pünktlich ab in Richtung Weißrussland.

Mila erwartete mich am Ankunftsterminal des Flughafens in Minsk schon ungeduldig. Zu allem Unglück war mein Koffer nicht mitgekommen, vermutlich hatte der ungeplante Wechsel der Fluglinie in München nicht genügend Zeit zum Umladen der Koffer gelassen. Das fing ja wirklich gut an: Flugzeug kaputt, Koffer weg, genervt und verschwitzt, so trat ich *Mila* das erste Mal gegenüber. Sie fuhr mich mit ihrem Auto dann direkt ins Hotel in der Innenstadt und wir verabredeten uns für den Abend zum Essen. Da ich weder Kleidung noch Waschzeug dabeihatte, machte ich mich auf die Suche nach einer Art Drogerie in der Nähe des Hotels und war überrascht, dort alles zu finden, was es bei uns auch im Sortiment gibt. Frisch geduscht wartete ich in der Hotellobby auf *Mila* und freute mich auf einen entspannten Abend mit ihr.

Sie sah im richtigen Leben auch so gut aus wie auf den Bildern, die sie mir geschickt hatte, und sprach ein sehr gutes Deutsch. Das machte die Sache wesentlich einfacher. Von Anfang an verspürte ich – und wie mir schien, auch sie – eine wunderbare Nähe und Zuneigung zu ihr. Sie zeigte mir in dieser Woche die schönsten Flecken von Minsk und in der näheren Umgebung, und am Ende der Woche wurde ich sogar von ihren Eltern in ihre Wohnung und ins Wochenendhaus zum Essen eingeladen. Mit wunderbaren Eindrücken von einem mir bis dahin fremden Land und den Leuten (vor allem von *Mila* und ihrer Familie) trat ich die Heimreise an und war froh, dass ich dieses Abenteuer gewagt hatte (meinen Koffer hatte ich zwei Tage vor dem Rückflug auch wieder bekommen). Ich kaufte mir danach sofort einen Anfängersprachkurs für Russisch und freute mich auf *Milas* Gegenbesuch bei mir in Deutschland.

Hilf dir selbst, dann hilft dir Gott

Als ich wieder einmal dienstlich unterwegs war und mein übliches Abendprogramm absolviert hatte (es bestand meist aus Besuchen des Fitnesscenters im Hotel und hin und wieder einer kulturellen Veranstaltung), fasste ich den Entschluss, den Verlauf meiner geistigen Abwärtsspirale zu durchbrechen und mich nebenberuflich weiterzubilden. Das hatte ich in der Vergangenheit mit technischen Lehrgängen oft genug praktiziert. Wo stand ich heute? Ein Vertriebsbeauftragter für Computer-Hard- und -Software, fit in Englisch und ganz gut in betriebs- und volkswirtschaftlichen sowie in Finanzfragen. Was konnte ich studieren, um mich von allzu dummen Gedanken abzubringen?

Mutation zum Psychologen

Der zündende Gedanke kam mir bei einem unserer Sales Kick-off-Meetings; da gab es den Vortrag eines bekannten Motivationstrainers, der mich damals sofort begeisterte. Genau das, was ich für mich suchte. Ich wollte eine fundierte psychologische Ausbildung machen, um andere und vor allem mich selbst (!) künftig gut coachen zu können. Nach einem entsprechenden Lehrgang würde ich die Menschen sicher besser verstehen, wie sie so ticken, und könnte mir dann selbst erklären, warum ich nun ohne Partnerin dastand.

Am nächsten Tag machte ich mich im Internet auf die Suche nach Akademien oder Fernuniversitäten, die eine solche Ausbildung anboten, und wurde auch fündig. Meine Wahl fiel auf eine Einrichtung in Hamburg, ich ließ mir Unterlagen zukommen und meldete mich für den Lehrgang „Psychologischer Berater und Personal Coach" an. Mit einer enormen Begeisterung stürzte ich mich in meiner Freizeit in das Studium, sog den Stoff förmlich in mich auf und schaffte den Abschluss mit der Note 1,1 in knapp zwölf Monaten.

Das war jetzt wieder meine Welt, so kannte ich mich; Ziele definieren und hartnäckig zu einem guten Ende führen! Ja, ich war wieder zurück im richtigen Leben. Damit aber nicht genug, nun wollte ich die neu gewonnenen Erkenntnisse natürlich im Beruf und im Privatleben anwenden und die Fehler aus der Vergangenheit vermeiden – was anfangs oft genug danebenging.

Das frustrierende Präsenzseminar

Am Ende des Fernstudiums stand ein fünftägiges Präsenzseminar an, um Zeugnis und Zertifikat als „Psychologischer Berater und Personal Coach“ zu bekommen. Am Bodensee war ich lange nicht mehr, so dachte ich und buchte dieses Seminar im Spätherbst, bekam vom damaligen Arbeitgeber sogar eine Woche Bildungsurlaub dafür und von der Steuer konnte ich die Seminargebühren und Nebenkosten ebenfalls legal absetzen. Schien daher alles bestens geplant zu sein und was konnte einem als „Einser-Absolvent“ unter Gleichgesinnten schon groß passieren?

Die erste Überraschung war die Location des Seminars: ein altes Schloss mit eigenem Weinberg; klasse. Nach dem Eintritt in das Gebäude wich die Euphorie der Ernüchterung. Warum? Ich als bekennender Nicht-mehr-Kirchensteuer-zahlender-Christ war in einer Art protestantischem Kloster gelandet, was an der Kleidung der Leute am Empfang und der Vielzahl an christlichen Symbolen unschwer zu erkennen war. War mir, sobald ich auf dem Zimmer war, dann aber egal, denn ich war ruhig in einem abgelegenen Flügel des Schlosses untergebracht, mit Blick auf Weinberg und Waldrand. Eine tolle Umgebung zum Lernen und Abschalten, Alkoholverbot herrschte auch, von daher alles bestens.

Am folgenden Morgen begann das Seminar relativ früh, wir hatten einen netten und kompetenten Trainer und nach der üblichen Vorstellungsrunde (die sehr originell inszeniert war) ging es dann gleich los: Vorträge, Präsentationen und Rollenspiele zu vielschichtigen Themen im Bereich Coaching.

Als vermeintlicher „Klassenbester“ wollte ich so oft wie möglich den Vorturner spielen, um zum einen zu zeigen, wie gut ich die Themen – in der Theorie – schon drauf hatte. Zum andern wollte ich die Themen auch intensiv in der Praxis üben, um soviel wie möglich Nützliches aus dem Seminar mitzunehmen. Gleich beim ersten Rollenspiel zum „Monodrama" bekam ich den ganzen Unmut des Trainers zu spüren, der eine spielerische und bewusst überspitzte Aussage von mir zum Thema Frauen am Arbeitsplatz zu wörtlich oder persönlich nahm. Bei solchen Rollenspielen sollte man ja so intensiv wie möglich aus sich herausgehen, um der Gruppe anschließend genügend Stoff für Diskussionen zu liefern. Das hatte ich geschafft, in der Tat! Aber nicht hier und jetzt, machte ich die leidvolle Erfahrung. Denn seit diesem Zeitpunkt war ich die Hauptzielscheibe für den Trainer und die ein oder andere Kollegin aus der Gruppe. Ich wurde im Verlauf des Seminars immer kleinlauter und zog mich mehr und mehr zurück. An einem Abend ließ ich sogar das Abendseminar ausfallen und ging stattdessen in der Stadt spazieren und genehmigte mir ein paar Gläser vom köstlichen lokalen Wein, um meinen aufgestauten Frust abzubauen. Hatte ich da in ein Wespennest gestochen? Warum bekam ich dieses negative Image die ganze Woche nicht mehr los? Konnte mir das erst einige Wochen später erklären.

Moderne Wegelagerei

Da ich beruflich stark auf das Auto angewiesen bin, traf mich die Nachricht wie ein Hammerschlag: Ich sollte meinen Führerschein für vier Wochen abgeben, weil ich innerhalb eines Tages angeblich zweimal mit zu hoher Geschwindigkeit auf der Autobahn geblitzt wurde! Da die Bilder anbei lagen, gab es kaum eine Chance, der Verkehrsüberwachung meine Unschuld zu beweisen. Wann genau passierten diese „Vergehen“? Anhand des Datums ließ sich dies relativ leicht beantworten: Es war genau der Tag, an dem mir *Sarah* am Telefon sagte, dass sie mit *Marc* beim Hausarzt war und er ihn mit einem schlimmen Verdacht in die Spezialklinik nach Regensburg überwies, wohin ich so bald wie möglich kommen sollte.

Ich brach meine Kundentermine in der Nähe von Würzburg ab und fuhr wie in Trance und so schnell es ging in Richtung Regensburg. Auf zwei Streckenabschnitten überschritt ich dann aus Unachtsamkeit die Geschwindigkeit, wofür ich mich nun rechtfertigen musste. Ich verweigerte die Abgabe des Führerscheins formal per Einschreiben und legte einen ausführlichen Brief dazu, in dem ich alle Punkte aufführte, die für mich und gegen einen Entzug des Fahrerlaubnis sprachen. Das Hauptargument war natürlich die schwere Erkrankung meines Sohnes und der Schockzustand, in dem ich zu der Zeit mit dem Auto unterwegs war. Etwa zwei Wochen später bekam ich eine Vorladung zur Gerichtsverhandlung vom Amtsgericht Nürnberg, wo ich mich als „Angeklagter“ zum Verfahren äußern durfte.

Da hatten wir es also, jetzt waren ich und meine Familie in einer Art „Endkrise“ und formaljuristisch sollte ich auch noch zum Verbrecher abgestempelt werden, weil ich in einer seelischen Stresssituation moderat zu schnell gefahren war! Sinn hatte es aus meiner Sicht keinen, vor Gericht gegen eine drohende Verurteilung anzukämpfen, deswegen nahm ich hierfür auch keinen Anwalt (die ganze Sache würde eh teuer genug werden), sondern beschloss, selbst mit Argumenten für mildernde Umstände beim Richter zu werben. Am Ende dauerte die ganze Verhandlung keine drei Minuten. Der Richter nahm mich kaum zur Kenntnis, stöberte nochmals in ein paar Akten und fragte mich dann, ob ich mit einer Verdoppelung der Geldstrafe einverstanden wäre. Verdutzt erwiderte ich spontan: „Ja." „Gut, dann spreche ich Sie hiermit vom Fahrverbot frei, aber einen Rat möchte ich Ihnen noch geben. Schaffen Sie sich beim nächsten Auto einen Tempomat an, der sollte Ihnen in Zukunft helfen, vorschriftsmäßig zu fahren."

Versuche, die Menschen zu verstehen

Man braucht so gut wie nichts im Leben zu fürchten, man muss nur alles verstehen.
Marie Curie

Unmittelbar nach meinem Fernstudium und dem abschließenden Seminar am Bodensee machte ich mir natürlich darüber Gedanken, was in meiner Ehe alles so schiefgelaufen war und wie man manches hätte besser machen können. Die Erkenntnis, dass der alte Lebensabschnitt unumkehrbar vorbei war, hatte sich mittlerweile bei mir manifestiert und ich wollte nur noch nach vorne schauen.

Die eigene Lebenserfahrung – oder der gute Rat von nahestehenden Personen – kann nicht viel dabei helfen, Fehler bei einem selbst oder beim Partner zu verstehen, da jeder Mensch seine individuelle Sicht auf die täglichen Dinge des Lebens hat. Jeder lebt sprichwörtlich in seiner eigenen kleinen Welt, in seinem Mikrokosmos. Das macht es sehr schwierig, dass Menschen jederzeit zu einer gleichen Meinung kommen (vor allem wenn es sich dabei um Mann und Frau handelt). Schließlich hält jeder seine Sicht auf die Dinge für die einzig richtige und wundert sich (oder ist verärgert), wieso der eigene Partner diese doch so naheliegende Sichtweise nicht teilt. Objektive Wahrheiten oder allgemeingültige Regeln gibt es leider nicht, selbst die Zehn Gebote im Alten Testament können nicht für alle Situationen gleichermaßen gelten (als Beispiel soll hier der viel zitierte Fall dienen, wo der Vater sieht, dass jemand sein Kind töten will, und versucht, ihm zuvorzukommen, indem er den mutmaßlichen Täter erschlägt).

Mithilfe von Techniken wie kognitives Umstrukturieren und Reframing könnte man nach und nach erreichen, dass die Menschen auf gleichartige Sichtweisen kommen, aber das geht oft nicht ohne fremde und unabhängige Hilfe von außen ab. Warum? Weil sich in einer gleichberechtigten Partnerschaft der eine nicht gerne vom anderen darüber belehren lässt, wie er sich zu verhalten hat oder was er in der Kommunikation alles so falsch macht (das habe ich am eigenen Leib oft genug erfahren). Dazu fällt mir das Sprichwort vom „Propheten im eigenen Lande ein“ …

Was bitte sind Kognitionen?

Mit dem Begriff Kognitionen hatte ich lange Zeit meine Probleme. Ich war vor Beginn meiner Coaching-Ausbildung sehr technisch und kundenorientiert, aber was Kognitionen sind, blieb mir lange Zeit unverständlich. Nachdem ich wieder mal im Internet nach diesem Begriff „gegoogled“ hatte, ging mir dann doch mal ein Licht auf. Dort stand zu dem Begriff Kognitionen der folgende Satz:

„Kognition bedeutet die Gesamtheit aller psychischen Vorgänge, die die Aufnahme, der Verarbeitung, der Speicherung sowie des Abrufens und Weiterverwendens von Informationen dienen.“

Jetzt hatte es bei mir gefunkt! Und das Schlüsselwort war Abspeichern. In welchem Umfeld hatte ich die letzten zehn Jahre gearbeitet? Genau, in der IT-Industrie, noch genauer, im Bereich Speichersysteme!

Ist es nicht genau dasselbe, was ein Computer macht? Daten aufnehmen (durch die Tastatur, Scanner etc.), durch Programme verarbeiten lassen (wie Office oder Bildbearbeitungssoftware), danach abspeichern (wie durch die Speicherfunktion in Word) und, sobald sie wieder benötigt werden, aus dem Speicher (wie Memorystick oder Festplatte) zurückholen.

Jetzt hatte ich verstanden, endlich. Heißt also, alle Organe (wie die Sinnesmodalitäten und das Gehirn) sowie das zentrale und vegetative Nervensystem, die an diesem Prozess beteiligt sind (die Sehen, Hören, Fühlen, Sprechen, Denken, Lernen, Erinnern, Vergessen, Intelligenz … ermöglichen), wären demnach ein Teil von kognitiven Funktionen. Und je nachdem wie gut oder schlecht sie funktionieren, spricht man dann von den individuellen kognitiven Fähigkeiten.

Kommunikation als Wurzel allen Übels

Aus einem der vielen Seminare zum Thema Kommunikation, die ich im Laufe meines beruflichen Werdegangs schon besucht habe, ist mir vor allem dieser Satz noch geläufig: „Man kann nicht Nicht-Kommunizieren."

Was heißt das genau?

- Jede Art von Verhalten oder Reaktion (verbal oder non-verbal) sagt irgendetwas aus.
- Selbst wenn ich gar nichts tue, wird diese Art von Verhalten von anderen interpretiert (wie, hängt ab vom Gegenüber und davon, in welcher Gemütsstimmung er sich gerade befindet).
- Selbst das, was man im guten Glauben äußert, kann von anderen nicht so verstanden werden, wie man es ursprünglich meinte.

Das Vier-Ohren-Modell

Was ist der hauptsächliche Grund, wieso sich Menschen hier und da so gänzlich missverstehen? Um dies nun auch mal akademisch, wissenschaftlich, zu verdeutlichen, greife ich auf das berühmte Kommunikationsmodell von Friedemann Schulz von Thun zurück. Es beschreibt die menschliche Kommunikation auf vier Ebenen und wurde entwickelt, um allgemeine Probleme in der Kommunikation aufzuzeigen und Missverständnisse durch ein frühzeitiges Entschärfen zu vermeiden.

„Unsere Botschaft gibt immer auch den Beziehungseffekt wieder, den wir zu unserem Gegenüber definieren." Paul Watzlawick

Profan ausgedrückt kann man sagen: Menschen nehmen – abhängig von seinem aktuellen Gemütszustand und seiner Persönlichkeit – Nachrichten von der Umwelt (von einem direkten Gesprächspartner, als passiver Zuhörer in einer Menge oder im Unterbewusstsein) unterschiedlich wahr. Manche Menschen sind eher emotional und reagieren mehr darauf, „wie" man etwas sagt, unabhängig vom Inhalt. Andere, die mehr rational veranlagt sind, extrahieren verstärkt die eigentliche Botschaft aus einer Aussage oder was die Konsequenzen daraus für sie sind. Schauen wir uns das genauer an.

- **Inhaltsaspekt (Sachohr)**

(Hier sind die Informationen über die vermittelten Sachverhalte enthalten.)

- **Selbstoffenbarung (Selbstoffenbarungsohr)**

(Die Information über den Sender der Botschaft selbst.)

- **Appell (Appellohr)**

(Die implizite Aufforderung, in einer gewünschten Weise zu handeln.)

- **Beziehungsaspekt (Beziehungsohr)**

(Die Definition der Beziehung zwischen den Gesprächspartnern.)

Ein plakatives Beispiel aus dem täglichen Eheleben soll dies verdeutlichen. Zunächst der Ehemann:

>> *Liebling, wärst du so nett und bringst mir mal das Salz mit!?*

- **Inhalt:**

Ich möchte bitte das Salz haben.

- **Selbstoffenbarung:**

Ich könnte noch ein bisschen mehr Würze vertragen.

- **Appell:**

Wenn sie noch in der Küche steht, kann sie es mir gleich mitbringen, dann muss ich nicht extra aufstehen.

- **Beziehungsaspekt:**

Sie ist bei uns im Haushalt für das Essen zuständig.

Aus Sicht der Ehefrau könnte es aber in etwa so aufgenommen und interpretiert werden!

>> *Liebling, wärst du so nett und bringst mir mal das Salz mit!?*

- **Inhalt:**

Ihm ist das Essen nicht würzig genug!

- **Selbstoffenbarung:**

Ihm schmeckt mein Essen nicht, bei seiner Mutter isst er lieber, diese Küche ist er gewohnt!

- **Appell:**

Ich soll in Zukunft das Essen stärker würzen oder sogar einen Kochkurs besuchen!

- **Beziehungsaspekt:**

Meint er, dass er der Herr im Hause ist und mir Befehle geben kann?

Hier sehen Sie ein klassisches Beispiel, wie die Nachricht eines Senders vom Empfänger teilweise missverstanden wird, obwohl sie gar nicht zweideutig geäußert wurde. Es kommt daher auch immer darauf an, wie klar und verständlich man sich mit seinem „Schnabel“ ausdrückt.

Wahrnehmung ist subjektiv

An dieser Stelle wird es ein klein wenig akademisch – es geht um das für unsere Beispiele sehr wichtige Thema „Wahrnehmung der Menschen“ (ein wörtlicher Auszug aus dem Lehrbuch *Psychologie*[4]).

„Wir meinen, die Realität so wahrzunehmen, wie sie in Wirklichkeit ist. Was wir sehen, hören, riechen, fühlen oder schmecken, ist kein einfaches Abbild der Wirklichkeit, denn die Wahrnehmung ist vielen Einflüssen ausgesetzt, die sie verfälschen und verzerren. Unsere Wahrnehmung wird durch die Beschaffenheit unserer Sinnesorgane und aufgrund der Aufmerksamkeit eingeschränkt. Außerdem wird sie von Persönlichkeitsmerkmalen sowie bisherigen Erfahrungen verändert, von Gefühlen und Stimmungen, Trieben und Bedürfnissen, Interessen und Wertvorstellungen, Einstellungen und Vorurteilen, Intelligenz und Begabung, Fähigkeiten und Fertigkeiten. Darüber hinaus gibt es noch weitere Faktoren (wie bestimmte Erwartungen des Einzelnen, gesellschaftliche Wert- und Normvorstellungen, durch Prinzipien und Gesetze vorgegebene Richtlinien), weshalb wir Vorgänge in unserer Umwelt und Aussagen anderer unterschiedlich wahrnehmen. Die Menschen reagieren nicht auf die Wirklichkeit, wie sie objektiv vorliegt, sondern wie sie sich ihnen subjektiv darstellt“.

Was kann man daraus lernen, vor allem für eine partnerschaftliche Beziehung? Eine Grundregel der Kommunikation besagt, dass der Sender für das richtige Ankommen der Nachricht verantwortlich ist! Das heißt im Klartext, dass ich als Sender einer Nachricht mir vorher Gedanken machen muss, wie ich den Satz formuliere, damit er vom Empfänger nicht falsch interpretiert werden kann. Implizite Annahmen in Gedanken, Verkürzungen und Tilgungen von Wörtern sollen vermieden werden. Da gehört mit Sicherheit ein bisschen Übung dazu, aber in der Praxis klappt das dann bald ganz gut.

Merke: Je klarer und deutlicher ich mich ausdrücke, desto geringer ist die Gefahr, dass ich missverstanden werde.

Kommt es dann doch mal zu einer Konfliktsituation, die durch eine Fehlkommunikation ausgelöst wurde, hilft es immer noch, der Konfrontation aus dem Wege zu gehen und sofort klarzustellen, was der „wirkliche“ Inhalt der Nachricht war. Probieren Sie es aus, Übung macht den Meister.

Die Geschichte mit dem Hammer

Der Klassiker in der Literatur, wenn es um (Fehl-)Kommunikation geht, ist zweifelsohne das Buch von Paul Watzlawick mit dem vielsagenden Titel *Anleitung zum Unglücklichsein*[1]. Daraus ist mir seit meiner ersten Schulung im Bereich effektiver Kommunikation immer noch „Die Geschichte mit dem Hammer" geläufig. Ich zitiere in Auszügen:

„Ein Mann möchte ein Bild aufhängen, aber er hat keinen Hammer. Darauf beschließt er, den Nachbarn zu fragen, ob er einen hat und ihn sich ausleihen kann. Aber was ist, wenn er ihn mir nicht ausleihen will? Er war in letzter Zeit eh so komisch. Was hat er gegen mich, ich habe ihn doch nichts getan? Ich würde ihm meinen Hammer sofort geben, warum er nicht? Er meint wohl ich wäre auf ihn angewiesen? Jetzt reicht es mir! Er stürmt zum Nachbar hinüber, er läutet, der Nachbar öffnet die Tür und bevor er sich versieht schreit der Mann ihn an:"Sie können Ihren Hammer behalten!"

Diese Geschichte muss man – so glaube ich – nicht mehr kommentieren, oder? Das Makabere daran ist für mich: Ich war von dem Buch damals so begeistert, dass ich es kaufte und *Sarah* mit einer netten Widmung von *Maria* und mir zum 30. Geburtstag schenkte. Hätte sie das Buch doch nur ganz gelesen, vielleicht hätte sie mit den damaligen Schwierigkeiten besser umgehen können!

Apropos Hammer. Stellen Sie sich mal vor, man selbst wäre ein solcher. Würde dann nicht alles aus unserer Sicht wie ein Nagel ausschauen, wo man feste draufhauen kann oder sogar muss? Deswegen mag es in bestimmten Situationen hilfreich sein, seine momentane, festgefahrene Perspektive zu verlassen und nach weiteren Möglichkeiten Ausschau zu halten (quasi die Vogel- oder Baumkronenperspektive einzunehmen), einfach neugierig sein, was da an ungewöhnlichen und spannenden Aspekten auf einen zukommt. Hier und da schwenkt man von ganz alleine in andere Sphären, aber man sollte die neuen Gedanken dann auch zulassen und auf sich wirken lassen.

Eine aus meiner Sicht sehr effiziente Methode, um Konflikte im Vorfeld erst gar nicht aufkommen zu lassen, ist es, verstärkt ICH- anstelle von DU-Botschaften und -Aussagen zu machen. Was meinen die Kommunikationsforscher damit? Ein Beispiel dazu:

„Das ist wirklich der Wahnsinn, immer möchtest DU in einer Diskussion die Oberhand gewinnen und nimmst meine Argumente gar nicht zur Kenntnis!"

Wie könnte man das nun formulieren, damit diese Aussage beim anderen nicht wie ein – weiterer – Vorwurf ankommt? Vielleicht so?

„Mein Schatz, ICH habe den Eindruck, dass du in unseren Diskussionen des Öfteren versuchst, die Oberhand zu gewinnen. ICH persönlich leide darunter. Wie können wir in Zukunft hier zusammen einen Konsens finden?"

Der wesentliche Unterschied zwischen beiden Formulierungen ist, dass man vom Verdacht der Anschuldigung an den anderen wegkommt und den Inhalt der Aussage mehr auf die eigene Sicht und Betroffenheit lenkt, also mehr an das Mitgefühl des Gesprächspartners appelliert. Dabei kann man mehr an positive Situationen und Aspekte aus der Vergangenheit appellieren, statt die aktuellen Probleme zu stark in den Vordergrund zu stellen.

Wie sag ich es meinem Kinde?

Ein Bekannter erwähnte einmal beiläufig, dass er sich über seinen Kollegen sehr ärgere, weil dieser öfters stark aus dem Mund rieche. Mein Bekannter wisse aber nicht, ob und wie er es ihm sagen könne, schließlich wolle er ihn und seine Gefühle nicht verletzen. Da musste ich helfen und ich erarbeitete für ihn eine Art Skript, also eine genaue Vorlage für den Umgang mit einer solchen Situation:

1. Warte den richtigen Zeitpunkt ab.

(Ein günstiger Zeitpunkt, um sein Anliegen vorzubringen, ist zum Beispiel wenn der, der angesprochen werden soll, emotional gut drauf ist.)

2. Frag, ob er mal kurz Zeit für dich hat, weil du „etwas für dich Wichtiges“ mit ihm besprechen möchtest.

(Beispiel: „Hallo <Name>, hast du für mich mal ein paar Minuten Zeit? Möchte dir gerne was sehr Persönliches mitteilen.“)

3. Falls die Antwort <Ja> ist, bring dein Anliegen konkret und kurz gefasst vor. Wichtig: Stell dabei deine Wertschätzung für ihn in den Vordergrund.

(Beispiel: „<Name>, du bist für mich ein sehr wertvoller <Freund, Mitarbeiter, Kollege ...> und deshalb möchte ich dich auf Folgendes aufmerksam machen: <Du ....>!)

4. Mach eine kurze Pause und schließe gleich eine Frage an dein Gegenüber an. Das hindert ihn daran, sofort über das Gesagte (das für ihn in erster Instanz verletzend sein kann) nachzudenken und sich zu verteidigen.

(Beispiel: „<Name>, ist dir das selbst schon mal aufgefallen oder hat dir das schon mal jemand anders gesagt?)

5. Warte nun die Antwort des Gegenübers ab, die entweder <Ja> oder <Nein> sein wird, und biete deine Unterstützung an.

(Beispiel: „<Name>, ich (oder ich kenne jemanden, der) hatte dieses [...] selbst schon mal und ich kam durch die folgende Maßnahme davon los: <Maßnahme beschreiben ...>")

6. Frage an den Gegenüber und Bestätigung einholen.

(Beispiel: „<Name>, wäre das für dich ein möglicher Weg, um dieses Thema (oder diesen Konflikt) für uns beide aus der Welt zu schaffen?")

7. Antwort abwarten, die dann hoffentlich <Ja> lautet.

(Beispiel: „Jetzt bin ich wirklich sehr erleichtert und freue mich, dass dieses Thema für uns beide alsbald gelöst sein wird.")

8. Falls die Antwort wider Erwarten <Nein> sein sollte, fordere konkret von deinem Gegenüber die Aussage ein, was er gedenkt, nun weiter zu tun.

(Beispiel: „Das enttäuscht mich jetzt aber wirklich sehr! Was möchtest du nun konkret tun, um dieses für mich (und wohl auch für dich?) unangenehme Thema zu lösen?")

In der Praxis sind nicht alle Konflikte auflösbar, zumindest sollte es aber einen Kompromiss geben, mit dem beide mehr oder weniger gut leben können.

Vielleicht hilft Ihnen diese „Anleitung“, ähnlich wie meinem Bekannten, wenn Sie sich unsicher sind, wie Sie jemandem etwas Unangenehmes sagen können.

Wenn es dann doch mal zum Konflikt kommt

Konflikte sind in einer zivilisierten Gesellschaft normal, es braucht aber ein gewisses Maß an Sozialkompetenz, um sie schadlos auflösen zu können. Die meisten Konflikte entstehen statistisch gesehen dort, wo Menschen eng zusammenleben, also in der Familie, am Arbeitsplatz oder im privaten Bereich (wie im Verein oder in sonstigen Gruppen). Wichtig dazu auch: Nicht jede Meinungsverschiedenheit ist gleich ein Konflikt. Da hilft es oft schon, wenn man sich über das vermeintliche Streitthema mal gründlich ausspricht und es danach an den Haken hängt. Um einen echten Konflikt effizient auflösen zu können, muss man sich erst mal bewusst werden, um welche Art von Konflikt es sich überhaupt handelt. Dann kann man die richtige Strategie, geeignete Hilfsmittel und die beste Vorgehensweise dafür auswählen.

Arten von Konflikten

Welche Arten von Konflikten[3] kennt die heutige Wissenschaft und wie unterscheiden sie sich?

- **Soziale Konflikte** (die wir mit anderen austragen)

  - **Zielkonflikte**
  (Zwei oder mehrere Personen haben unterschiedliche Ziele.)
  - **Methodenkonflikte**
  (Die Ziele sind gleich, aber es bestehen unterschiedliche Vorstellungen, darüber, wie sie erreicht werden sollen.)
  - **Wertekonflikte**
  (Es bestehen unterschiedliche Ansichten über den Wert oder Nutzen eines Vorhabens.)
  - **Rollenkonflikte**
  (Es herrscht Uneinigkeit über die eigene Rolle innerhalbeines Systems – Familie, Arbeitsplatz, Projekt etc.)
  - **Verteilungskonflikte**
  (Dieser Konflikt ist nur von einer höheren Instanz auflösbar, nicht von den Beteiligten selbst, da Uneinigkeit darüber besteht, wer welchen Anteil bekommt.)

- **Psychische Konflikte**
(Das sind Konflikte, die wir mit uns selbst austragen, z. B.: Soll ich heute in die Arbeit gehen, oder lieber nicht?)

Ich gehe hier nicht im Detail auf jede Konfliktart ein – uns sollen jene näher interessieren, die in einer privaten Beziehung, wie in einer Ehe, am häufigsten vorkommen, und das sind meiner Meinung nach der Methoden- und der Rollenkonflikt. Der letzte der aufgezählten sozialen Konflikte, nämlich der Verteilungskonflikt, möge Ihnen in der Ehe erspart bleiben. Den haben wir vor allem am Ende, wenn es bei der Scheidung um die „Verteilung“ der angehäuften Güter geht.

Wieso sehe ich den Methodenkonflikt und seine Lösung als wichtig an für eine eheliche Beziehung? Dieser Konflikt besteht im Grunde darin, dass es unterschiedliche Auffassungen davon gibt, wie man ein Ziel erreichen möchte, das vorher schon festgelegt ist. Das heißt im Klartext, jeder hat eine andere Meinung, wie man am besten ein Ziel erreicht oder eine Aufgabe anpackt. Man kann intensiv darüber streiten, welche der vorgeschlagenen Strategien der Königsweg ist. Spätestens wenn man merkt, dass die Fronten sich verhärten, ist es Zeit für einen Kompromiss, mit dem beide gut leben können, ohne dass einer sein Gesicht verliert. Man sollte sich selbst nicht zu wichtig nehmen und die Sichtweisen des anderen respektieren.

Neben dem Methodenkonflikt ist hier der Rollenkonflikt mein zweiter Favorit dafür, dass beliebig viel Konfliktpotenzial in einer Beziehung entsteht. In der Regel hat jeder Ehepartner seine Sicht auf die eigene Rolle und die des Partners in der Beziehung. Wer die Kinder bekommt (auf die Welt bringt), ist noch unstrittig, wer das große oder das kleine Auto, den Zweitwagen, fährt, meist auch noch. Aber ist es wirklich immer von vornherein klar, wer in der Ehe oder Familie dann das Geld verdient, wer zu Hause bei den Kindern bleibt und an welchem Ort man aktuell und künftig leben möchte? Hier scheiden sich in modernen Beziehungen sehr oft die Geister und hier muss eine klare Regelung mit einem Höchstmaß an Flexibilität her, damit der Partner, der zurücksteckt, nicht auf Dauer in ein Tal der Unzufriedenheit abgleitet, mit dann unabsehbaren Folgen.

Hier sehe ich auch im Nachhinein eines der Hauptprobleme in meiner ersten Ehe. Als Hauptverdiener brachte ich deutlich mehr nach Hause als meine damalige Partnerin. Aber was hatten wir am Ende davon? Uns stand fast alles zur Verfügung, was man sich für Geld leisten mochte, teils im Überfluss, aber schließlich war das alles nichts wert, da die Beziehung (auch darüber) in die Brüche ging.

Wie kann man diese Art von Konflikten am besten auflösen? Einen generellen Lösungsweg gibt es nicht, aber nach meiner Erfahrung und Kenntnis hilft es, so früh wie möglich ein sachliches Gespräch mit dem Partner zu führen (dabei die Grundregeln der Kommunikation beachten) und zu versuchen, eine für beide Seiten akzeptable Lösung kurz- oder mittelfristig zu finden. Heute sind die Arbeitgeber viel flexibler (zum Teil arbeitsrechtlich abgesichert) als früher. Heute gibt es auch für Väter eine Elternzeit, Home-Office, Telearbeit und so weiter, damit der Partner die Chance bekommt, wieder in Teil- oder Vollzeit in die Arbeitswelt integriert zu werden.

Was der Mensch wirklich braucht

Was Menschen am meisten brauchen, um mit sich und dem Umfeld zufrieden zu sein, ist SAB. Diese Buchstaben stehen für:

- **Selbstverwirklichung**
  (die eigenen Ziele umsetzen)
- **Anerkennung**
  (positives Feedback von anderen bekommen)
- **Bestätigung**
  (was und wie ich etwas tue, wird gewürdigt und anerkannt)

Anerkennung und Bestätigung kann der (langjährige) Ehepartner in der Regel oft nicht mehr geben, oder es wird nicht mehr gewürdigt. „Echte" Anerkennung und Bestätigung finden viele nur noch außerhalb des familiären Rahmens. (Welche Mutter freut sich nach einigen Jahren noch wirklich über das Lob eines Kindes oder des Ehemannes, dass das Essen heute wieder mal ganz hervorragend war?) Wie sieht es darüber hinaus mit der Selbstbestimmung des Einzelnen in der Beziehung aus? Kann der ein oder andere – im Rahmen seiner Möglichkeiten – noch das tun, was ihm am Ende ein Stück Befriedigung, Ablenkung und Zerstreuung bietet, um mit seiner Alltagssituation gut umgehen zu können?

Natürlich gibt es auch jede Menge Personen, die sich in einer Familienrolle vollkommen verwirklichen können, sie ziehen daraus jede Menge Anerkennung und Bestätigung. Versuchen wir, unseren Partnern doch künftig das zu geben, wonach sie streben, um (wieder) glücklicher und zufriedener zu sein, oder?

Am Anfang geht die Angst um

Das Einzige, was wir zu fürchten haben, ist die Furcht selbst.
Franklin D. Roosevelt

Jeder Mensch kennt das Gefühl, Angst zu haben. Es tritt dann auf, wenn man etwas verlieren kann, sich unsicher fühlt, sich verändern muss und so weiter, und es kann nach längeren Phasen in eine Krise führen.

Wie ist Angst definiert?

Um das genauer zu erklären, ziehe ich mein Coaching-Handbuch[2] heran.

Die Angst ist im Grunde eine ganz natürliche biologische Funktion unseres Geistes und des gesamten Organismus. Sie ist eine Aktion und Reaktion auf vorgestellte oder tatsächliche Situationen, die vom Individuum als bedrohlich interpretiert werden. Sie ist für das Überleben unserer Art unverzichtbar gewesen und auch für heutige Menschen noch handlungsleitend. Sie wirkt meist unbewusst oder vorbewusst und kann uns einerseits aktiv machen (wie bei einer Flucht oder Kampf) oder blockieren (Lähmung).

Formen der Angst

Der Psychoanalytiker Fritz Riemann hat im Jahre 1961 mit einer tiefenpsychologischen Studie die „Grundformen der Angst“ vorgestellt. Er geht davon aus, dass es vier Grundformen gibt, andere Ängste seien von diesen Grundformen direkt oder in Form von Zerrbildern abgeleitet. Er setzt als Axiome vier Lebensforderungen an und leitet daraus zwei Ambivalenzpole ab, denen wir Menschen ausgesetzt seien. Aus diesen Forderungen heraus ergeben sich die folgenden Grundformen:

Angst vor der Selbstwerdung

Diese Angst wird als Ungeborgenheit in der Welt und Isolierung von der Welt erlebt. Als Menschen streben wir danach, ein einmaliges Individuum zu werden, eine unverwechselbare Person, die sich von der Masse der Menschen abhebt. Wir streben nach Selbstbewusstsein und Individualität. Damit ist aber die Angst verbunden, aus der Geborgenheit der Gemeinschaft ausgeschlossen zu werden und Einsamkeit und Isolierung zu erleiden.

Angst vor der Selbsthingabe

Diese Angst wird als Ich-Verlust und Abhängigkeit von der Welt erlebt. Menschen spüren den Wunsch, sich dem Leben und den Mitmenschen vertrauensvoll zu öffnen, sich auf das Nicht-Ich und das Fremde einzulassen. Damit verbunden ist die Angst, das eigene Ich zu verlieren, anderen ausgeliefert zu sein, missbraucht zu werden und in Abhängigkeiten zu geraten.

Angst vor der Wandlung

Diese Angst wird als Vergänglichkeit und Unsicherheit in einer vergänglichen Welt erlebt. Als Menschen streben wir Verlässlichkeit und Dauer an. Wir rechnen mit Bleibendem und planen für die Zukunft, als würden wir unbegrenzt leben, um unsere Ziele zu verwirklichen. Gleichzeitig wissen wir aber sehr genau, dass unser Leben begrenzt ist und jederzeit enden kann. Auch ist es die Angst vor dem Wagnis des Neuen, vor dem Planen für eine ungewisse Zukunft, davor, sich dem Fließen des Lebens zu überlassen.

Angst vor der Notwendigkeit

Diese Angst wird als Endgültigkeit und Unfreiheit in dieser Welt erlebt. Vieles können wir nur als Durchgang erleben. Erreichtes müssen wir hinter uns lassen, uns lösen und Abschied nehmen. Der Forderung, uns zu öffnen, immer wieder etwas Neues zu wagen, nicht stehen zu bleiben, ist die Angst gegenübergestellt, festgehalten zu sein: durch unsere Vergangenheit, durch Notwendigkeiten und Regeln, durch Verpflichtungen, Gesetze oder Bräuche. Freiheitsdrang und Verwirklichung sind durch Beständigkeit behindert.

Soviel dazu wie die Wissenschaft das Thema Angst definiert hat.

Gut, jetzt wissen wir mehr darüber, welche Arten von Ängsten es gibt und wie sie unsere Psyche beeinflussen. Aber welche gesundheitlichen Störungen kann die Angst (die man als Vorstufe für Krisen und Burn-out sehen kann) bei uns hervorrufen und wie können wir uns dagegen schützen? Dazu mehr in den Kapiteln zu Burn-out und Coaching.

Als Nächstes folgt dann die Krise

Krise kann ein produktiver Zustand sein. Man muss ihr nur den Beigeschmack der Katastrophe nehmen.
Max Frisch

Wie lange hält eine Frau es aus, die von jungen Jahren an gewohnt war, eigenständig zu sein, ein selbstbestimmtes Leben zu führen und vom beruflichen Umfeld und Bekanntenkreis respektiert und anerkannt zu werden, eine andere Rolle einzunehmen, etwa Mutter und Hausfrau zu sein? Kluge Antwort dazu: Die eine länger, die andere weniger lang! Welche Frau ist heute über viele Jahre hinweg mit der Rolle als Mutter und Hausfrau zufrieden? Von den Müttern der Nachkriegsgeneration mal abgesehen, kenne ich keine. Aber waren die Nachkriegsfrauen damit auch wirklich zufrieden, oder war die Rollenverteilung damals auch aus der Not heraus geboren, da diese Frauen teilweise eine schlechte oder gar keine Berufsausbildung hatten und sich die Frage gar nicht stellte, ob sie arbeiten gehen wollten?

Wann spricht man von einer Krise?

Wenn man im Internet in eine bekannte Suchmaschine den Begriff „Krise“ eingibt, bekommt man ungefähr 37.800.000 Treffer in 0,17 Sekunden! Direkt der Wahnsinn! Um Ihnen zu ersparen, sich durch diesen Dschungel zu wühlen, hier kurz die Definition aus meinem schlauen Buch von Dr. Björn Migge, was Krise an sich bedeutet:

„Im Wortsinn der Krise stecken der Scheideweg, die Trennung und die Entscheidung!“

Ganz ehrlich, ich habe eine Weile gesucht, bis ich eine plausible Erklärung für mich gefunden hatte. Hier mein einfaches Beispiel:

Ein Kind möchte im Supermarkt an der Kasse einen Lolly haben, bekommt ihn aber zunächst nicht von seinen Eltern (alle stehen noch eine ganze Weile in der Schlange an der Kasse an). Es wird daraufhin immer ärgerlicher, bis hin zur Ekstase, und wirft sich weinend auf den Boden! Das Kind befindet sich aktuell auf dem Höhepunkt seiner persönlichen Krise, die da heißt: „Ich will diesen Lolly um jeden Preis haben. Wenn ich ihn nicht bekomme, bin ich enttäuscht und danach richtig sauer!“

Jetzt gibt es zwei Möglichkeiten: Entweder das Kind bekommt auf diesem Weg, was es möchte, oder die Eltern verweigern es ihm weiterhin. Im ersten Fall findet die aktuelle Krisensituation des Kindes ein jähes Ende und alles ist – zumindest für das Kind – Friede, Freude, Eierkuchen. Im zweiten Fall, wenn das Kind nicht bekommt, was es verlangt, geht seine innere Krisensituation weiter, womöglich versucht es noch, mit anderen Mitteln zum Ziel zu kommen, aber irgendwann wird es entkräftet (und vermutlich uneinsichtig) aufhören. Es fühlt sich danach bestimmt nicht richtig wohl, aber sobald es sich beruhigt hat, können die Eltern versuchen, dem Kind zu erklären, wieso es den Lolly heute nicht bekommen hat. Inwieweit das Kind schon einsichtig und verständnisvoll ist, hängt von einer Vielzahl von Faktoren ab.

Das Phasenmodell der Krisen

Hier in Übersichtsform das Phasenmodell der Krisen nach Kurt Lewin.

- Schock
- Verneinung
- Einsicht
- Erkennen der Emotion, die aber noch abgelehnt wird
- Emotionale Akzeptanz
- Ausprobieren
- Erkenntnis

Diese Phasen müssen nicht immer in der geschilderten Reihenfolge auftreten, es handelt sich vielmehr um einen Prozess, der von jedem anders durchwandert wird.

Ist es denn in der Arbeitswelt so, dass man von Chefs, Kollegen oder Kunden regelmäßig eine Portion Anerkennung für seinen Arbeitseinsatz bekommt, mit dem man dann nach Hause geht und sich den ganzen Abend in Glückseligkeit badet? Keineswegs, wie die meisten wohl bestätigen werden, und je höher eine Position in einer Firma aufgehängt ist, desto dünner wird die Luft da oben (also noch weniger Anerkennung, aber dafür noch mehr Druck, der auf einem lastet). Zum Thema Arbeit und Entlohnung: Jeder kennt das Sprichwort „Geld macht nicht glücklich", es beruhigt allenfalls. Leider gewöhnt sich der Mensch auch hier wieder an das, was er regelmäßig bekommt, selbst die Gehaltserhöhung am Ende des Jahres lässt nur für kurze Zeit die Glückshormone tanzen. Also warum dieser sehnliche Wunsch, wieder zu arbeiten, um seinen „SAB-Haushalt" wieder ins Gleichgewicht zu bringen? Diese Frage muss jeder für sich selbst beantworten.

Aber nehmen wir mal an, eine Mutter ist für lange Zeit gezwungen (aus welchem Grund auch immer), zu Hause zu bleiben, und kann während dieser Zeit nicht arbeiten. Welche Folgen könnte das für die Frau und für ihre Familie haben? Richtig, sie kann sich wegen der schwelenden inneren und äußeren Konflikte in eine echte Krise manövrieren, die am Ende nur noch sehr aufwendig und schwierig aufzulösen ist. In meinem persönlichen Fall hat diese Art von Krise dazu geführt, dass sich meine damalige Partnerin von mir Schritt für Schritt entfernt hat. Sie machte mich sogar für diese Situation hauptsächlich verantwortlich, weil sie nicht mehr arbeiten konnte (wie sie wohl immer geplant hatte) und ihr all die Dinge verwehrt blieben, die sie an ihrer früheren Arbeit so begeistert hatten. Nachdem die Kinder erwachsen waren, hätte sie wieder arbeiten können, dazu hätte sie sich meiner Meinung nach nicht zu trennen brauchen.

Zugegeben, oft lässt sich an einer solchen Rollenverteilung wenig ändern. Aber das Gefährliche dabei ist, dass man meistens nicht erkennt, wenn etwas anbrennt, weil das auch ein schleichender Prozess ist. Man erkennt ihn erst – wenn überhaupt –, wenn es schon zu spät ist.

Am Ende könnte der Burn-out stehen

Was du in anderen entzünden willst, muss in dir selbst brennen.
Aurelius Augustinus

Ein, zwei Bierchen oder eine halbe Flasche Wein am Abend waren seit der Trennung von meiner damaligen Frau bei mir zur Regel geworden (Asche auf mein Haupt). Aber Gott sei es gedankt, ich liebe meinen Tennissport und möchte noch lange körperlich fit bleiben, um ihn weiter auf einem guten Level ausüben zu können. Außerdem muss ich mir für die Damenwelt ja auch eine Restattraktivität bewahren. Deswegen machte ich mir keine Sorgen, dass ich sukzessive zum Alkoholiker mutieren würde, da ich eher ein Genussmensch bin als ein maßloser Konsument.

Der Hausarzt hatte bei mir (wie schon erwähnt) eine Art Burn-out-Syndrom diagnostiziert. Ganz unrecht hatte er damit sicherlich nicht, es gab schon Phasen in meinem damaligen Leben, in denen ich mutlos und abgeschlafft war, aber wenn überhaupt, dann war das eine frühe Phase von Burn-out. Eine Behandlung hielt ich nicht für nötig.

Aber als ich so über meinen Leidensweg nachdachte, fragte ich mich, wie das eigentlich bei meiner ehemaligen Partnerin gewesen war. Hatte sie womöglich einen Burn-out und schmiss deshalb am Ende kopflos alles hin?

Was ist Burn-out überhaupt?

Was genau kennzeichnet denn einen Burn-out?

Eigentlich ist das, was beim Burn-out verstärkt passiert, etwas, was von der Evolution im menschlichen Körper implementiert wurde, damit wir bei Bedarf schnell Energie zur Verfügung haben und schnell weglaufen oder ausdauernder jagen zu können. Dabei werden die drei bekannten Stresshormone Adrenalin, Noradrenalin und Kortisol von bestimmten Körperdrüsen (wie Nebenniere) ausgestoßen, die dann den Kreislauf animieren, die Herzfrequenz wird erhöht und Zucker und Fettsäuren werden ins Blut und damit in die Muskulatur gepumpt, sodass die Leistungsfähigkeit des Menschen für eine bestimmte Dauer steigt. In der heutigen Zeit wird dieser Mechanismus auch benötigt – wir jagen zwar weder Mammuts, noch müssen wir vor einem Säbelzahntiger davonlaufen, aber beim Sport oder bei schwerer körperlicher Arbeit funktioniert das immer noch.

Was hat das nun alles mit einem Burn-out zu tun? Ganz einfach, die Natur hat vorgesehen, dass dieser biochemische Prozess auf eine relativ kurze Dauer begrenzt ist. Heute ist es aber häufig so, dass der Mensch gar nicht mehr zur Ruhe kommt und die Erholungsphasen immer kürzer werden, der Körper kann gar nicht mehr richtig regenerieren. Man fühlt sich in einer solchen Situation wie ein Hamster im Laufrad, strampelt sich ab, kommt aber nicht mehr voran und verausgabt sich völlig. Dieses Dilemma kann noch dadurch verstärkt werden, dass man sich schlecht ernährt und dem Körper nicht die nötigen Vitamine und Nährstoffe zuführt, die er benötigen würde, um sich vor den Folgen des drohenden Burnouts wirkungsvoller zu schützen.

Ein Burn-out (das Wort bedeutet so viel wie ausgebrannt, ausgelaugt sein) tritt in der Regel in diesen drei Phasen auf:

- Phase 1: **Aktivierung**

  (Die Symptome treten langsam zutage.)

- Phase 2: **Widerstand**

  (Man erkennt diese Symptome, versucht sie aber zu verdrängen.)

- Phase 3: **Erschöpfung**

  (Ohne ärztliche Hilfe drohen ernste Krankheiten.)

Je früher man ein gewisses Ungleichgewicht in seiner körperlichen und seelischen Verfassung bemerkt, desto besser kann man den drohenden Burn-out bekämpfen. In der Aktivierungsphase sind die Symptome noch relativ harmlos (wie Zittern, Schwitzen, Rededrang, Nägelkauen, erhöhter Harndrang, Unlust …), in der Phase des Widerstandes (oder auch Verdrängungsphase) verstärken sie sich (wie Schlaflosigkeit, erhöhter Blutdruck, gestörte Sexualfunktion, Schwindel, Abneigung gegen Tätigkeiten und Personen, erhöhte Aggressivität …) und in der letzten Phase, der Erschöpfungsphase, kommt man in der Regel ohne ärztliche Hilfe nicht mehr aus. Hier können die Symptome dann schon lebensbedrohlich werden (funktionale Herzbeschwerden, verminderte Immunabwehr, Suizidgefahr).

Anmerkung: Viel Arbeit alleine führt nicht zwangsläufig zu einem Burn-out! Krank kann man dann werden, wenn neben der vielen Arbeit die Anerkennung dafür ausbleibt!

Und jetzt sind wir wieder bei unserem Beispiel mit der Hausfrau und Mutter. Welche Faktoren kamen hier zusammen, die einen Burn-out hätten herbeiführen können?

- Musste sie von der Menge und Zeit her gesehen viel arbeiten?
- Bekam sie dafür regelmäßig die gebührende Anerkennung?
- War abzusehen, dass sich diese Lage langfristig für sie ändert?
- Zeigte sie die typischen Symptome eines Burn-outs?
- Gab es daneben noch andere negative Ereignisse im Leben?

Im Fall von *Sarah* kann ich die obigen Fragen wie folgt beantworten: Ja, Nein, Ja, Ja, Ja. Das hilft mir und uns heute auch nicht mehr, da dieses Kapitel ja seit ein paar Jahren beendet ist. Was hätten wir aber damals tun können – oder sogar müssen –, um die missliche Lage in den Griff zu bekommen?

Eine wichtige Frage, die ich mir heute stelle: Wollte *Sarah* damals überhaupt noch, dass wir zusammenbleiben, oder war die Entscheidung zur Trennung im Innern schon gefallen?

Hier ein paar allgemeine Tipps zur Burn-out-Prävention:

- Regelmäßige und gesunde Ernährung, viel Alkohol meiden
- Ausreichender Schlaf und frühzeitig zu Bett gehen
- Versuchen, sich geistig und körperlich zu beschäftigen
- Sich neue und anspruchsvolle Herausforderungen suchen

- Wieder lernen, sich an den kleinen Dingen des Lebens zu freuen
- Dinge, die man hat, nicht als Selbstverständlichkeit sehen
- Gespräche mit Partnern, Verwandten und Freunden suchen
- Sich ehrenamtlich betätigen (hierbei Bestätigung bekommen)
- Hilfe suchen bei kompetenten Personen (Seelsorger, Coach etc.)
- Keine Versuche, aufkommende Symptome zu unterdrücken.

Work-Life-Balance

Heutzutage begegnet uns sehr häufig der Begriff „Work-Life-Balance, wenn wir uns mit dem Thema „Gesünder Leben“ beschäftigen. Was steckt dahinter?

Jetzt nehme ich zum zweitenmal meine Lieblingssuchmaschine für das Internet zu Hilfe und bekomme 187.000.000 Ergebnisse für diesen Suchbegriff! Bei so vielen Treffern muss das Thema wichtig sein.

Ich verstehe unter Work-Life-Balance Folgendes:
Wie die drei Nomen in diesem Wort vermuten lassen, geht es darum, Arbeit und privates Leben sinnvoll und ausgewogen zu gestalten (oder umgekehrt, versteht sich). Wer kennt nicht den mehr oder weniger provokanten Satz: „Die Menschen arbeiten, um zu leben; die Deutschen leben, um zu arbeiten!“ Er zeigt zumindest auf, wo der ein oder andere seine Prioritäten hat.

Beziehen wir diese Weisheiten nun mal auf unsere eigene Lebensweise. Wer kann heute noch glaubwürdig – auch für sich selbst – behaupten, wo und wie gewichtet seine Prioritäten im Leben liegen? Ist es nicht so, dass wir oft gar nicht mehr merken, dass sie sich immer mehr – und vor allen Dingen schleichend – in die falsche Richtung bewegen? Immer länger arbeiten (zum Teil in zwei Jobs parallel, da das Gehalt aus dem Hauptjob nicht mehr ausreicht, um den Lebensunterhalt für sich und die Familie zu bestreiten), dabei immer weniger Anerkennung bekommen (siehe Leiharbeiter, in finanzieller und personeller Hinsicht) und immer stärker die eigene Familie, Freunde und Hobbys vernachlässigen: Das kann über die Jahre hinweg in eine Sackgasse führen, aus der man ohne fremde Hilfe schwer wieder herauskommt. Und es bringt womöglich gravierende körperliche oder geistige Belastungen und soziale

Schieflagen mit sich. Am Ende könnten dann eben Burn-out, Depressionen oder ein Herzinfarkt stehen (und solche Fälle sind mir aus meinem eigenen beruflichen Umfeld bekannt).

Wie sorgen Sie für Ausgewogenheit und Harmonie in Ihrem Leben? Die oben genannten Tipps zur Burn-out-Prävention sind hier eine große Hilfe, aber damit Sie sie auch über einen langen Zeitraum anwenden können, empfehle ich Ihnen vor allem eines:

Nehmen Sie sich persönlich nicht zu wichtig!

Auf den ersten Blick erscheint diese Aussage eher unverständlich, oder? Ich soll mich nicht so wichtig nehmen? Ich bin doch für mich das Wichtigste! Ich bin Weltmeister im ICH-Sein! Keiner kann das so gut wie ich!

So weit, so gut. Aber ist es wirklich nötig, dass ich in meinem Job in der Firma alles alleine mache, kann ich diese oder jene Aufgabe nicht mal an andere delegieren (auch wenn ich nicht der Chef bin) und pünktlich um 17:00 Uhr den „Hammer fallen lassen"? Zumindest gelegentlich? Damit schafft man sich Freiräume, die man ganz dem allgemeinen Wohlbefinden widmen kann. Wenn man es dann schafft, sich von den Aufgaben und Widrigkeiten der täglichen Arbeit geistig zu lösen, steht einer lang anhaltenden Erholungsphase des Körpers und der Seele nichts mehr im Wege. Der eigene Organismus, die Familie und der Freundeskreis werden es einem danken.

Doch zurück zu unserer wahren Geschichte. Vielleicht wäre es in einer früheren Phase der Ehe noch möglich gewesen, den drohenden Bruch der Beziehung aufzuhalten, aber wer hätte hier wirklich weiterhelfen können, hatten die Ehepartner sich ihre damaligen Ziele richtig gesteckt?

Vom richtigen Zielesetzen

Sich Ziele setzen ist ein ganz normaler Vorgang im Leben, nur sollte man dabei ein paar Dinge beachten, um am Ende nicht enttäuscht zu sein, falls man mal ein Ziel nicht erreicht. So formuliert und bildet man klare Ziele[2]:

- **Ist das Ziel positiv formuliert?**
(Negative Bemerkungen beeinflussen unser Unterbewusstsein und führen dazu, dass man eher aufgibt.)
Beispiel: „Ich möchte in Zukunft gesünder leben" anstelle von „Ich möchte bald NICHT mehr rauchen".

- **Was ist das Ziel hinter dem Ziel?**
(Ist das wirklich das Hauptziel oder steckt da noch was dahinter?)
Beispiel: „Ich möchte ein Buch schreiben" mit dem Hintergrundziel „um damit Geld zu verdienen".

- **Ist das Ziel für einen selbst attraktiv?**
(Gibt es genügend Motivationskriterien für mich, dieses Ziel erreichen zu wollen?)
Beispiel: „Möchte ich bald Chef werden? Habe ich dann noch genügend Freizeit zum Tennisspielen?"

- **Ist das Ziel realistisch und erreichbar?**
(Schaffe ich es, das Ziel alleine zu erreichen, oder benötige ich Hilfe dazu?)
Beispiel: „Ich möchte nächstes Jahr in Wimbledon gewinnen." Unrealistisch „für mich, auch mit fremder Hilfe!"

- **Ist das Ziel zeitlich gegliedert?**
(Will ich das Ziel auf einmal erreichen oder gibt es Zwischenziele?)
Beispiel: „Ich möchte innerhalb eines Jahres zwölf Kilo abnehmen, jeden Monat eines."

• Ist das Ziel messbar und konkret?
(Welche Kriterien sind festgelegt, um den Erfolg zu messen?)
Beispiel: „Ich möchte mit dem Fahrrad nach Wien fahren. Am ersten Tag bis Passau, am Ende des zweiten Tages in Linz … wurde das Ziel erreicht."

• Verträgt sich das Ziel mit der eigenen Weltanschauung?
(Stehe ich selbst hinter der Zieldefinition, entspricht es meinen ethischen Vorstellungen?)
Beispiel: „Ein Investmentbanker möchte den Preis für Getreide spekulativ hochtreiben und seine ‚Wetten' darauf mit einem hohen Gewinn abschließen. Aber was passiert danach mit den Armen in der ‚Dritten Welt'? Haben sie wegen noch höherer Preise dann noch weniger zu essen?"

• Wie fühle ich mich, wenn ich das Ziel erreicht habe?
(Wenn ich das Ziel erreicht habe, bin ich dann damit zufrieden? Oder ist es für mich besser, hoffnungsfroh zu reisen, als enttäuscht anzukommen?)

Wie man sieht – es ist schon sinnvoll, sich vorher über seine Ziele für die Zukunft Gedanken zu machen. Dann gibt es keine überzogenen Erwartungen oder Enttäuschungen, falls die Ziele nicht erfolgreich umgesetzt werden können (aus welchem Grunde auch immer).

Können Sie sich noch an ein nicht erfülltes Ziel aus Ihrer Vergangenheit erinnern? Falls ja, lesen Sie nochmals die oben aufgelisteten Kriterien für richtiges Zielesetzen durch. Welche Punkte beschreiben am besten, warum das Ziel nicht erreicht wurde?

Ich habe die Situation noch vor Augen, als wäre sie gestern gewesen. Wir fuhren mit dem Bus von Landshut ins Skigebiet nach Österreich, hatten dort die Vereinsmeisterschaften unseres Skiclubs im Riesenslalom. Da ich ziemlich neu dabei war, kannte ich die meisten Mitfahrer noch nicht und versuchte daher, den Großteil der Fahrt zu schlafen. Das Wetter war nicht berauschend, die Piste ganz gut präpariert und zwischen dem ersten und zweiten Durchlauf machte ich Bekanntschaft mit einem Vereinskollegen. Er war als einer der wenigen hinter mir platziert, aber er hatte mit dem Skifahren erst vor Kurzem angefangen, von daher: Hut ab. Auf der Rückreise kamen wir intensiver ins Gespräch und ich fragte ihn, wieso er nach so kurzer Zeit schon an den Meisterschaften teilnahm, wo er doch keine Chance auf den Sieg hätte. Dabei sein ist alles – oder eine ähnliche Floskel hatte ich als Antwort erwartet. Aber dann sagte er mir, dass für ihn die Teilnahme aus folgendem Grund wichtig war:

„Ich und meine Frau sind vor einem halben Jahr hierhergezogen und haben uns bisher schwergetan, in der neuen Umgebung Kontakt zu den ‚Einheimischen' zu bekommen. Da ich mit dem Skifahren seit dem Skikurs letztes Jahr schon gute Fortschritte gemacht habe, wollte ich den anderen Vereinsmitgliedern das auch zeigen."

Sein vorrangiges Ziel war es also nicht, ganz vorne mitzufahren, sondern bei den anderen Vereinsmitgliedern Anerkennung für seine Fortschritte zu ernten und mit ihnen intensiver in Kontakt zu kommen, am besten dadurch noch neue Bekannte und Freunde zu finden. Das ist ihm aus heutiger Sicht gelungen, er und seine Familie sind in der neuen Umgebung gut integriert und pflegen ihre sozialen Kontakte.

Personal Coaching, was ist das genau?

Die gefährlichste Weltanschauung ist die Weltanschauung derer, die die Welt nie angeschaut haben.
Alexander von Humboldt

Bisher haben wir jede Menge über Kommunikation, Konfliktlösung, Wahrnehmung, Ängste und so weiter aus *Herberts* manchmal sehr persönlicher Sicht erfahren. In den beiden letzten Kapiteln gehe ich stärker auf den Bereich Coaching ein und erzähle von drei typischen Fällen aus der Praxis.

Mittlerweile gibt es eine verwirrende Vielzahl von teils selbsternannten Coaches: Fitness-Coach, Mental-Coach, Karriere-Coach, Personal Coach, Farben-Coach, Flirt-Coach … und so weiter. Man sieht, der Trend geht eindeutig zum Zweit-Coach! Um sich Unterstützung in Krisensituation mit Aussicht auf Erfolg zu holen, bietet sich meiner Meinung der Psychologische Berater (oder Personal Coach) geradezu an. Aber was ist Personal Coaching[2] genau?

„Coaching ist eine gleichberechtigte, partnerschaftliche Zusammenarbeit eines psychologisch- und handlungsorientierten Prozessberaters (dem Coach) mit einem Klienten (dem Coachee). Der Coach gibt Feedback und eröffnet dem Klienten neue Perspektiven und Sichtweisen und ebnet ihm dadurch den Weg für eine nachhaltige, positive persönliche Veränderung."

Der Personal Coach ist demnach kein Psychiater oder Psychotherapeut, also kein Arzt, den man auf Kosten der Krankenkasse aufsuchen kann. Für die Beratung muss man in die eigene Tasche greifen und bezahlen (aber wenn es hilft, warum nicht?).

Da ein Personal Coach keine Zulassung als Arzt (Approbation) besitzt, ist es ihm auch nicht erlaubt, psychisch kranke Menschen zu behandeln. Sobald der Coach merkt, dass der Klient die imaginäre Grenze zum Kranksein überschritten hat, muss er die Beratung abbrechen und den Klienten einem Psychiater oder Psychotherapeuten übergeben! Ein Coach arbeitet daher nur mit gesunden Menschen und ist präventiv tätig, um Krankheiten (wie Burn-out) erst gar nicht aufkommen zu lassen.

Unterschieden wird hier noch zwischen Kompetenzberatung und Prozessberatung (Prozessbegleitung). Der Kompetenzberater ist der eigentliche Fachmann zu einem bestimmten Thema (wie Fitness oder Flirten), während der Prozessberater (oder Psychologische Berater, Personal Coach) dem Klienten eine Hilfestellung gibt, damit er anhand seiner eigenen Ressourcen auf eine Lösung kommen kann.

Wichtig ist für den Besuch bei einem Coach: Er muss aus freien Stücken und aus Überzeugung erfolgen. Klienten, die auf Druck Dritter einen Personal Coach aufsuchen, haben in der Regel (noch) nicht die Einsicht, was ihnen eine Inanspruchnahme dieser Dienstleistung bringt, und stehen den Prozess nicht bis zum Ende durch.

Der Personal Coach kann dem Klienten zu (fast) allen Aspekten des täglichen Lebens anhand seiner Erfahrung und psychologischen Hilfsmittel Unterstützung bieten. Zum Beispiel in diesen Fällen:

- Neue Sichtweisen auf Sachverhalte und Ereignisse bekommen
- Krisen besser meistern (oder sogar verhindern)
- Burn-out verhindern (Burn-out-Prävention)

- Probleme im Bereich des Zeitmanagements lösen
- Führungsqualitäten als Manager verbessern
- Mobbing und Teamkonflikte auflösen
- Kommunikation untereinander verbessern
- Nach neuen Zielen und Visionen suchen
- Den Willen zur nachhaltigen Veränderung stärken
- Sportliche und mentale Leistungsfähigkeit steigern
- Prüfungsstress und Angstsituationen bewältigen
- und so weiter …

Wie unschwer zu erkennen, ist die Bandbreite für unser persönliches Optimierungspotenzial offenbar riesig. Hier einige populäre Hilfsmittel, die der Personal Coach einsetzt, um seine Klienten wirksam zu unterstützen:

- Kognitives Umstrukturieren (neue Sichtweisen erarbeiten)
- NLP (Neurolinguistisches Programmieren), Leading, Pacing, Rapport
- Grundlagen der allgemeinen Kommunikation
- Positive Zielsetzung und Zielformulierungen
- Entspannungsübungen anwenden, wie Hypnotherapie
- Systemische Beratung (Sicht im Gesamtkontext herstellen)
- Aktiv zuhören und zielführende, sachbezogene Fragen stellen

Ich bin mir ziemlich sicher, dass ein guter Personal Coach *Herbert* damals hätte helfen können, seine Probleme und Unzulänglichkeiten im Zusammenhang mit seiner Ehe und Familie – rechtzeitig – in den Griff zu bekommen. Zumindest hätten alle Beteiligten mit der schwierigen Situation besser umgehen können.

Das bringt mich zu dem Fazit, dass wir Menschen uns zwar fachlich und persönlich ständig weiterentwickeln. Aber wissen wir denn, ob wir auch in die richtige Richtung wandern oder uns schnurstracks in die Orientierungslosigkeit bewegen? Was unsere sogenannte „soziale Kompetenz" angeht, denke ich, wir sollten ruhig von Zeit zu Zeit fachlich kompetente Hilfe in Anspruch nehmen. Ein anschauliches Beispiel liefert hier der sportliche Bereich. Selbst ein erfahrener Tennisspieler benötigt in regelmäßigen Abständen einen Trainer, der ihm sagt, was er im Detail ändern muss, weil sich innerhalb des letzten Jahres wieder der alte Schlendrian eingeschlichen hat, und das vom Spieler selbst weitestgehend unbemerkt.

Wer sagt uns denn, was in welcher Situation oder Konstellation richtig oder falsch ist? Letztendlich müssen wir dies immer wieder von Neuem für uns und unser Umfeld definieren und festlegen. Was für den einen gut ist, kann für den anderen grundfalsch sein, je nach Kontext ändert sich alles wieder komplett. Deswegen ist es wichtig, sich in regelmäßigen Abständen selbstkritisch die Frage zu stellen: Bin ich noch im grünen Bereich oder muss ich alsbald etwas korrigieren? (Wenn man sich so nach und nach isoliert und Freundschaften, die Ehe oder das Arbeitsverhältnis zu Bruch gehen, wird es definitiv Zeit dafür.)

In einer Partnerschaft ist es wichtig, mit dem anderen jederzeit und ohne falsches Schamgefühl und Vorbehalte das offene Gespräch zu suchen und sich einvernehmlich um Lösungsansätze zu bemühen. Schwelende Konflikte (die dann zu Krisen, Burn-out oder Depressionen führen können) müssen so bald wie möglich aufgelöst werden. Das hätte auch das Erfolgsrezept für *Herberts* Ehe sein können, aber damals hatte er von diesen Dingen noch zu wenig Ahnung.

Ich hoffe, Ihnen – liebe Leserinnen und Leser – bleibt ein solches Schicksal erspart. Wenden Sie die Tipps in diesem Buch richtig und frühzeitig an, dann sorgen Sie bestmöglich vor.

Coaching in der Praxis

Das Beispiel ist einer der erfolgreichsten Lehrer, obgleich es wortlos lehrt.
Samuel Smiles

Es freut mich, dass Sie immer noch mit dabei sind, und ich möchte Ihnen am Ende drei Coaching-Fälle aus der Praxis vorstellen. Sie sollen aufzeigen, dass man als Personal Coach mit wenigen Mitteln und geringem Aufwand seinen Mitmenschen etwas Gutes tun kann.

Anmerkung: Die Namen und Wohnorte der Beteiligten wurden geändert.

Fall 1: Der frustrierte Bankangestellte

Karl kenne ich, seitdem wir hierher gezogen sind, und zwar durch die erste Begegnung im Kindergarten; mein Sohn und seine Tochter waren damals in der gleichen Gruppe. Da wir einige gemeinsame Interessen hatten, freundeten wir uns schnell an und unternahmen viel zusammen. Was mir an ihm ziemlich früh auffiel, war, dass er gerne und ausgiebig über sich und „seine Themen" sprach, sich aber wenig für andere interessierte. Das zeigte sich an der Art und Häufigkeit seiner Fragen.

Eines Tages – wir hatten uns auf ein Gläschen Wein und Plauderei bei ihm abends verabredet – teilte er mir mit, dass unser Termin leider ausfallen müsse. Er habe Stress in der Arbeit und sei im Moment ziemlich frustriert. Ich hatte damals gerade meine Coaching-Ausbildung beendet und war höchst motiviert, als ich von seinem Stress hörte! Kurzerhand bot ich ihm an, mir seine Probleme genauer anzuhören, vielleicht könne ich ihm danach den ein oder anderen hilfreichen Tipp geben.

Wenig später besuchte ich ihn in seiner Wohnung und ermunterte ihn, mir seine „Leidensgeschichte" zu erzählen. Das hörte sich so an:

„Jetzt arbeite ich seit über fünfundzwanzig Jahren in dieser Bankfiliale, habe mir immer den Hintern aufgerissen, meinen Job so gut wie möglich gemacht, war so gut wie nie krank und habe mir große Hoffnungen gemacht, nachdem der Filialleiter in Ruhestand gegangen ist, seine Stelle zu bekommen. Die letzten zwei Jahre war ich schon sein Vertreter und nun haben sie mir eine junge Dame aus der Zentrale vor die Nase gesetzt, sie hat jetzt den Job bekommen. Da soll mir noch einer sagen, dass sich Leistung in diesem Lande lohnt! Überhaupt nicht; hier kommt man nur mit Vitamin B weiter! Am liebsten würde

ich alles hinschmeißen und woanders wieder ganz von vorne anfangen – wenn ich noch jünger wäre.“

Diese Enttäuschung konnte ich gut verstehen (ist immer gut, wenn der Personal Coach ausgeprägte empathische Fähigkeiten besitzt), aber was war das Problem von Karl? Hatte er überhaupt eins, oder handelte es sich hier nur um einen Fall von verletzter Eitelkeit? Um das zu ergründen, musste ich ihm ein paar bohrende Fragen stellen. Nach dem Frage-Antwort-Spielchen kam etwa zwanzig Minuten später zu meiner Verblüffung Folgendes heraus:

Die „junge Dame“ aus der Filiale war für ihn bei Weitem keine Unbekannte. Er hatte sie – als sie noch Praktikantin war – bei einem internen Seminar der Bank vor etwa fünf Jahren kennengelernt. Da er damals im besten Mannesalter und nicht ganz unattraktiv war (und immer noch ist), näherten die beiden sich rasch an und es kam zum „One-Night-Stand“. War auch kein Problem für ihn, da er nach seiner Scheidung seit Jahren allein lebte. Das galt aber nicht für die „junge Dame“, sie war damals schon verheiratet und bereute die Affäre hinterher außerordentlich. Sie bat ihn, über alles strengstes Stillschweigen zu bewahren. Das versprach er auch und sie verloren sich aus den Augen. Die gemeinsame Nacht schien für beide vergessen zu sein.

Auf der letzten Weihnachtsfeier, auf der die Mitarbeiter aus den Filialen und der Zentrale gemeinsam das erfreulich erfolgreiche Geschäftsjahr feierten, trafen sie sich wieder. Die „junge Dame“ hatte sich mittlerweile auf der Karriereleiter der Bank nach oben gearbeitet und wirkte ein wenig arrogant und überheblich auf die Anwesenden, besonders auf Karl. Im Verlauf des Abends, ein paar Bierchen hatte er auch schon getrunken (er musste ja nicht mehr fahren, da für die auswärtigen Mitarbeiter Hotelzimmer gebucht waren), fasste er den Entschluss, sie bei passender Gelegenheit anzusprechen. Sie kam ihm zuvor, doch zu seiner Verwunderung bekam er außer einem flüchtigen „Na, wie geht es Ihnen?“ keine weitere Aufmerksamkeit von ihr, und ehe er ihr eine Antwort geben konnte, war sie schon wieder auf dem Weg zu dem Tisch, der für den Vorstand der Bank reserviert war. Ihr Verhalten wurmte ihn und sein Ärger steigerte sich den Abend über, auch als er sah, wie charmant sie sich gegenüber den „hohen Tieren“ der Bank verhielt. Bis in den frühen Morgen – er war einer der Letzten an der Hotelbar – zogen sich die Gespräche unter den Kollegen hin und bekamen immer mehr eine private Note. Um seinem Groll über die ehemalige Geliebte Luft zu verschaffen, lästerte er über sie im Gespräch mit einem langjährigen Kollegen, sie hätte sich quasi „hochgeschlafen“, und er erwähnte auch seine Affäre mit ihr!

Über Umwege gelangte diese brisante Information dann an die eigentliche Zielperson. Sie wusste nun Bescheid, dass – und natürlich auch von wem – ihr einstiges intimes Verhältnis ausgeplaudert worden war. Anscheinend hat dies ihrer weiteren Karriere nicht geschadet, aber ihre Ehe ging danach zu Bruch. Ob das der alleinige Auslöser war, sei dahingestellt.

Nun war guter Rat teuer! Es ging nicht mehr nur darum, dass er sich in seiner Ehre gekränkt fühlte, weil er den angestrebten Job nicht bekommen hatte, sondern er musste befürchten, seinen jetzigen Job zu verlieren. Seine neue Chefin hatte ihn auf den „Kieker“ und wollte ihn um jeden Preis loshaben. In den letzten Wochen war ein regelrechter Kleinkrieg zwischen den beiden entstanden, gegenseitiges Mobbing, Unterstellungen, Abmahnungen usw. bestimmten seitdem den Tagesablauf und ein Ende war nicht abzusehen. Ohne seinen Job würde er ganz schön übel dastehen. Er zahlte nach wie vor Unterhalt für seine Ex-Frau und für seine Tochter, die in Berlin studierte, und seine Eigentumswohnung war bei Weitem nicht abbezahlt.

Wie kommt man aus solch einer Situation – ungeachtet aller Anschuldigungen – ohne größere Blessuren wieder heraus? Ich schlug ihm damals Folgendes vor:

• Bekenne dich zu deinem Fehler, denn du hättest niemandem (wie versprochen) von dem intimen Ereignis erzählen müssen.

• Beende einseitig die Streitereien und sende ein „Friedensangebot“ an deine Chefin.

• Biete ihr ein persönliches Gespräch an, erstmals unter vier Augen, entschuldige dich ehrlich bei ihr für dein „loses Mundwerk“ und warte ihre Reaktion ab.

• Falls sie deine Entschuldigung nicht annimmt, wende dich an den Betriebsrat und die Personalabteilung.

• Unter Umständen kann ich mit ihr Kontakt aufnehmen und versuchen, sie in Bezug auf deine Person versöhnlicher zu stimmen.

• Kläre ab, ob man dich in eine andere, nahe gelegene Filiale versetzen kann, damit du von ihrem Radar verschwindest.

• Falls das nicht geht – wie sieht es aus mit einer Vorruhestandsregelung mit oder ohne Abfindung?

• Wenn alle Stricke reißen, schau dich auf dem Arbeitsmarkt nach einer neuen Tätigkeit um, vielleicht geht da doch noch was.

Eine sehr hilfreiche Coaching-Technik, die ich hier einsetzen konnte, war das sogenannte Mono- oder Psychodrama nach Jakob Moreno. Hier geht es im Wesentlichen um einen Rollentausch von Personen mit dem Hintergrund, sich „in den anderen hineinzudenken", um ihn und seine Sichtweise, seine Aussagen und Handlungen am Ende besser verstehen zu können.

Klar, eine Möglichkeit wäre hier noch gewesen, diese Situation auszusitzen und Nehmerqualitäten zu zeigen. Bis zum Ruhestand wären es aber noch zwölf Jahre gewesen; eine lange Zeit! Das hält in der Regel niemand durch, deswegen gilt hier die Devise: Lieber in den sauren Apfel beißen, das Umfeld verlassen, um nicht seelisch krank zu werden. Diese Sicht auf die Situation – falls sich das Problem nicht durch eine vorherige Versöhnung mit der Chefin löste – teilte er mit mir.

Wie ging die Geschichte aus?

Die Chefin nahm nach anfänglichem Zögern Karls Gesprächsangebot an, sie einigten sich am Ende auf einen „Nichtangriffspakt" und er ließ sich in eine andere Filiale versetzen – in der er nichts mehr mit ihr zu tun hatte –, die sogar noch näher an seinem Wohnort lag.

Zugegeben, auf die oben genannten Lösungsansätze wäre man als erfahrener Erdenbürger auch selbst gekommen, aber in einer Krisensituation oder Phase der Desorientierung fällt es oft schwer, rational zu denken und zu handeln. Da ist es dann gut, wenn man jemanden hat, der einem die Augen öffnet und neue Lösungswege aufzeigt, meinen Sie nicht auch?

Fall 2: Der verzweifelte „Bürohengst“

„Du bist doch so etwas wie ein Psychologe, oder?“, fragte mich ein Bekannter aus meinem Tennisclub. „Mein Schwager sucht jemanden, der ihm bei einer seiner aktuellen Schwierigkeiten weiterhelfen kann. Kannst du das übernehmen? Falls ja, hier ist seine Nummer, ruf ihn abends einfach mal dazu an.“

Das tat ich natürlich sehr gerne – meine wahre Berufung auf dieser Erde ist ja (scherzhaft ausgedrückt), die Welt jeden Tag ein Stückchen besser zu machen – und rief noch am selben Abend bei dem Schwager an. Er hieß Gustav, ich stellte mich kurz vor und fragte ihn, ob ich ihn beim Vornamen nennen dürfe, was er bejahte. Dann fragte ich ihn, wann er mal Zeit hätte, damit wir uns über sein Anliegen unterhalten könnten. Zum Erstgespräch besuchte ich ihn in seinem Haus am Stadtrand. Viel konnten wir nicht bereden, da im Hintergrund seine drei heranwachsenden Kinder lärmten, aber zumindest erfuhr ich, dass es ihm grundsätzlich um zwei Dinge ging: Ihm fiel es in letzter Zeit zunehmend schwerer, sich zu motivieren, und ihm schien alles über den Kopf zu wachsen.

Da es in seinem gewohnten Umfeld eher schwierig war, mit ihm konstruktiv zu arbeiten, schlug ich vor, am folgenden Wochenende ein „Outdoor-Coaching“ durchzuführen (was genau ihn erwartete, ließ ich noch offen), er solle sich nur festes Schuhwerk mitnehmen. Er sagte zu und wir fuhren am Samstag frühmorgens in die bayerischen Alpen, um einen 1650 Meter hohen Gipfel zu besteigen. Worin bestanden nun Gustavs „aktuelle Schwierigkeiten“?

Seine Anamnese in Kurzform aus eigenem Munde:

„Ich bin seit fünfzehn Jahren Beamter in der Bezirksverwaltung, habe drei Kinder im Alter zwischen sieben und fünfzehn Jahren und bin seit siebzehn

Jahren mit meiner Frau verheiratet. Früher war ich ehrenamtlich beim Roten Kreuz tätig – hätte große Freude daran –, das wurde mir aber vom Aufwand her zu viel und ich gab diese Tätigkeit auf. Zu Hause gibt es die letzten Jahre oft Ärger wegen der Kindererziehung und weil ich unter der Woche abends länger im Büro bin, obwohl ich um 16.30 Uhr jeden Tag Dienstschluss habe und mein übertriebener Ehrgeiz vom Amt eh nicht belohnt wird, da ich hier eh nicht befördert werde, aus Mangel an passenden Planstellen. Zusätzlich werden die Kosten für das Haus, das wir vor acht Jahren gekauft haben, immer höher und wir haben von daher immer weniger Geld übrig, für Urlaub, Entspannung, Kultur usw. Habe in den letzten zehn Jahren etwa fünfzehn Kilogramm zugenommen und leide seit einem halben Jahr verstärkt unter Schlafstörungen. Ich war deswegen auch schon beim Arzt. Der hat bei mir einen erhöhten Blutdruck und Cholesterinspiegel festgestellt und mir ein paar Tabletten verschrieben, die ich aber nur sehr unregelmäßig nehme.“

Als er mit seiner Schilderung fertig war, hatten wir fast die 1000-Meter-Marke am Berg überschritten. Ich merkte, dass er nach und nach immer entspannter wurde (trotz der schwereren Atmung und dünnen Luft dort oben) und hier und da die schöne Bergwelt und das Wetter über den grünen Klee lobte. Wie lange war er wohl nicht mehr in den Bergen gewesen (wenn überhaupt schon mal) oder hatte ausdauernd Sport getrieben?

Bis zum Gipfel stellte ich ihm dann noch weitere Fragen und als es um die Beziehung zu seiner Frau ging, kam er leicht ins Stocken und wirkte danach erst mal nachdenklich. Hatte ich da einen Punkt angesprochen, der für ihn unangenehm oder lästig war? Nach einigem Zögern wurde er wieder gesprächig und erzählte Folgendes:

Seit einem halben Jahr habe er mit seiner Frau keinen Sex mehr gehabt, da er an einer Erkrankung der Prostata leide. Diese sei stark vergrößert und er habe Angst, zum Arzt zu gehen, und fürchte sich vor einer eventuellen Opera-

tion. Er habe gehört, dass man danach impotent werden kann, und das wäre der Horror für ihn und wohl auch für seine Frau. Er habe seiner Frau aus Angst aber noch nichts davon erzählt.

Aha, von daher wehte der Wind also! Wenn ich das bisher Gehörte für mich strukturierte, hieß das, dass Gustav …

… in der Arbeit viel Stress hatte (zwar ohne Not, aber immerhin).
… sich öfters zu Hause mit seiner Frau und Kindern herumärgern musste.
… seine geliebte Freizeittätigkeit beim Roten Kreuz aufgeben musste.
… gesundheitlich erheblich angeschlagen war, auch regelmäßig Medikamente nehmen musste.
… von einer schleichenden finanziellen Existenzangst befallen wurde.

Die oben genannten Punkte schienen jedoch noch nicht mal das Hauptproblem zu sein. Er machte sich intensiv Sorgen um seine Gesundheit und sexuelle Leistungsfähigkeit. Sah dabei sogar seine Ehe in Gefahr, falls es künftig sexuell nicht mehr so klappen sollte.

Nach einem erholsamen Hüttenaufenthalt und einer anständigen Brotzeit machten wir uns am frühen Nachmittag – beide immer noch bis auf die Haut durchgeschwitzt, so was schweißt zusammen – wieder an den Abstieg ins Tal. Gustav war jetzt wieder sehr redefreudig und erzählte mir bereitwillig alles, was für ihn gerade so wichtig war. Für mich galt es nun, in mich zu gehen und zu beurteilen, ob er wirklich ein Klient für mich war oder ob er vielleicht schon in professionelle Hände, wie die eines Therapeuten, gehörte. Aber wo war die Grenze? Nach meiner Beurteilung war er akut

Burn-out-gefährdet, hatte die Phase der Aktivierung womöglich schon (leicht) überschritten.

Was war denn sein hauptsächliches Problem? Meiner Meinung nach die drohende Operation in einem – heute leider immer noch – männlichen Tabubereich mit den unabsehbaren Folgen, was danach kommen könnte. Aber was war das Risiko, wenn er nichts tun würde? Krebs und ein zu früher Tod? Die Symptome, die er heute zeigte, resultierten meiner Meinung nach daraus. Ergo: Lösen wir sein Hauptproblem, lassen die anderen Leiden über die Zeit sicherlich nach.

Mit dem beruhigenden Argument Burn-out-Prävention (für was soll denn ein Personal Coach sonst noch gut sein?) beschloss ich, mit ihm weiter zu arbeiten (was sich später als gute Entscheidung herausstellen sollte). Zu Hause angekommen arbeitete ich mit Unterstützung meines Coaching-Handbuchs an einem „Masterplan“, um meinem neuen Kumpel aus der Patsche zu helfen (Geld dafür nehmen wollte ich von Anfang an nicht, musste ja erst mal als Coach Erfahrung sammeln).

Am nächsten Wochenende stand ich bei ihm wieder auf der Matte und bat ihn, seine Frau mit an dem Gespräch teilhaben zu lassen. In dieser Dreierrunde kam so manche überraschende Aussage zutage. „To make a long story short“ – Gustavs Befürchtung, seine Frau könnte ihn verlassen oder als Versager hinstellen, wenn seine männliche Standhaftigkeit nicht mehr so sein sollte wie früher, wurde von ihr ganz vehement verneint. Für sie war weitaus wichtiger, dass sie sich künftig wieder gut verstehen, die Kinder zu mündigen Bürgern erziehen und in ihrem Haus und ihrer gewohnten Umgebung zusammenbleiben können. Darüber war Gustav anscheinend am meisten überrascht und brach kurz danach im Schoß seiner Frau in Tränen aus!

„Warum hast du mir denn nicht schon früher gesagt, dass du mit der Prostata Probleme hast? Und ich dachte immer, dass ich für dich nicht mehr attraktiv genug bin, weil du dich dem Sex die letzten Monate verweigerst hast!“ Danach waren beide am Weinen …

Was kann man nun dazu sagen? Gustav hat seiner Frau nichts von seinem Problem erzählt, weil er Angst davor hatte, er würde sie vielleicht verlieren, wenn er sich operieren lassen müsste und danach im Bett „nichts mehr ginge“. Dem war offensichtlich nicht so. Hätte er mit ihr nur mal früher aus freien Stücken darüber gesprochen, wäre beiden wohl einiges erspart geblieben. Für den Rest seiner Probleme gab es dann die passenden Lösungsansätze, die er aber für sich selber erarbeiten und umsetzen musste:

• Wie kannst du für dich in der Arbeit mehr Freiräume bekommen (bist Beamter, man kann dir eh nichts anhaben, solange du keine silbernen Löffel klaust)?

• Welche Vorteile bringt es für dich, wenn du befördert wirst und ein paar Euro im Monat mehr in der Lohntüte hast?

• Welche Nachteile könnte es für dich und deine Familie haben, wenn du wegen einer Beförderung umziehen müsstest? Wäre es das wert?

• Um welche Themen geht es bei der Kindererziehung, könnt ihr euch künftig auf eine gemeinsame Linie einigen, oder benötigt ihr dazu noch therapeutische oder sozialpädagogische Hilfe?

• Wenn du in der Arbeit zeitlich kürzertrittst, hättest du dann wieder die Zeit, dich beim Roten Kreuz zu engagieren? Wäre das für dich erstrebenswert und würde dir die Anerkennung, die du dort bekämst, guttun?

• Was gedenkst du zu tun, um deinen Gesundheitszustand künftig deutlich zu verbessern? Wäre Sport (am besten gemeinsam mit der Familie) dabei für dich hilfreich?

• Könnte deine Frau nebenbei (Minijob, halbtags etc.) wieder arbeiten gehen, um eure finanzielle Lage zu verbessern?

• Wann gehst du zum Urologen oder Heilpraktiker, um dich an der Prostata intensiv untersuchen zu lassen und Alternativen zu einer Operation zu besprechen?

Mit der Art, wie ich andere Menschen berate, kann ich zwar nicht reich werden, aber es bringt schon jede Menge an Befriedigung, jemandem zu helfen. Heute geht es Gustav wieder deutlich besser, eine Operation war nicht nötig – es handelt sich um eine gutartige, aber dauerhafte Prostata-Vergrößerung, aber sexuell hat er dadurch keine Einschränkungen. Die Angst ist gewichen dass er seine Partnerin verlieren könnte, und diese Sicherheit hat ihm geholfen, die restlichen „Problemchen" gut in den Griff zu bekommen. Das Haus können sie behalten, seine Frau hat ihren Erbteil vom Elternhaus vorzeitig ausbezahlt bekommen, und das hat ihre finanzielle Lage deutlich verbessert. Wir sehen uns noch ab und zu, aber in die Berge haben wir es zusammen bis heute noch nicht wieder geschafft. Er ist inzwischen sehr viel mit seiner Familie unterwegs, aber so soll es ja auch sein.

Fall 3: Die seltsame Tischnachbarin

Eines späten Samstagnachmittags saß ich wie so oft während meines damaligen Single-Daseins in meinem Stammcafé in der Altstadt, um eine Kleinigkeit zu essen und die Zeit totzuschlagen. War eine gute Möglichkeit, in Ruhe die Zeitung zu lesen und zu schauen, was in der großen weiten Welt gestern wieder so los war. Vor allem der Wirtschaftsteil war in der Zeit der aufkommenden Finanzkrise – unmittelbar nachdem die FED und der damalige amerikanische Finanzminister Poulsen Lehman Brothers hatten pleitegehen lassen – bei mir von großem Interesse. Ein Großteil meiner Kunden waren ja Banken- und Versicherungsunternehmen.

Bevor mir bei diesem Thema wieder einmal der Kragen zu platzen drohte, wurde ich unsanft aus meiner persönlichen Finanzkrise herausgerissen. Von mir unbemerkt hatte sich eine Dame mittleren Alters an den Tisch direkt hinter mir gesetzt und fing nun an, in ihr Handy zu schreien und zu schimpfen. An Lesen war jetzt nicht mehr zu denken, also hörte ich ein bisschen zu, um was es bei der Dame so ging (natürlich rein zufällig). Was ich so vernahm, erweckte mein Interesse, es kam darin ja einiges vor, was man im weiteren Sinne als Konflikte und Krisen bezeichnen konnte. Nach etwa zehn Minuten aggressiven Dialogs mit dem Teilnehmer am anderen Ende der Handyleitung fing sie an zu schluchzen und sie tat mir sogar ein wenig leid (obwohl sie mir meinen Lesenachmittag gründlich versaut hatte). Als ich dann gezahlt hatte, stand ich auf, und bevor ich das Café verließ, nahm ich meinen ganzen Mut zusammen und sprach die Dame kurz und bündig an: „Hallo, ich bin *Herbert*, falls Sie persönliche Probleme haben, hier ist meine Karte, Sie können mich dazu gerne anrufen. Wünsche dann noch einen schönen Tag.“

Als ich aus dem Café draußen war, dachte ich: „Bist ein ganz schöner Depp, eine Frau auf diese Weise anzugehen. Außerdem hast du gelernt, bei einem Gespräch das Wort ‚Problem' zu vermeiden, da dieses im hohen Maß negativ belegt ist und beim Gesprächspartner in der Regel ein ungutes Gefühl erzeugt. Besser wäre gewesen, Worte wie Gesprächsbedarf, Anliegen, Irritation etc. zu benützen, das klingt doch viel einladender."

Am nächsten Nachmittag bekam ich prompt einen Anruf von der Dame, sie habe auf meiner Karte gelesen, dass ich Personal Coach sei, und sie hätte sich gerne mit mir heute noch getroffen. Gesagt, getan. Ich schmiss mich in Schale und pilgerte wieder nach Landshut, um sie zu treffen und zu ergründen, wie ich ihr vielleicht helfen könnte.

Sie war schon da, als ich im Restaurant ankam, ich trat an ihren Tisch, sie erhob sich, gab mir die Hand und ich setzte mich ihr gegenüber. Donnerwetter, das hatte ich gestern gar nicht so registriert, da sie ja ausschließlich gesessen hatte, diese Dame war aber ganz schön gut genährt, dachte ich mir. Sie stellte sich als Frau Meier vor und fing sofort an, mir ihre Lebensgeschichte zu erzählen.

„Wissen Sie, die Männer sind heute auch nicht mehr das, was sie mal waren, gerade habe ICH wieder mit einem Schluss gemacht. Was meinen Sie, was er …! Erst gestern war ich wieder mal in München, da habe ich an der …! Stellen Sie sich vor, während meines letzten Urlaubs in Kroatien ist mir Folgendes passiert …"

Und in diesem Stil ging es über eine Stunde weiter, ohne dass ich die Chance bekam, ihr nur eine einzige Frage zu stellen (wollte am Anfang auch nicht unhöflich sein und sie in ihrem Redefluss unterbrechen). Sie sprang zusammenhanglos von einem Thema zum anderen, mal waren die Themen erheiternd, mal traurig bis deprimierend, dazu lachte sie oft schrill oder war den Tränen nahe.

Wie sollte ich aus dieser misslichen Lage nun wieder rauskommen?
Ein Trick hilft immer: „Ich muss mal für kleine Jungs", da musste sie mich auf Zeit aus ihren Klauen lassen. Auf der Toilette gönnte ich mir ein paar Minuten, um über sie nachzudenken und darüber, wie ich nun die Gesprächsführung übernehmen könnte. Wer fragt – führt das Gespräch. Einfache Regel, also wieder zurück an den Tisch zu Frau Meier, um mit der eigentlichen Beratung anzufangen, so der Plan.

Kaum am Tisch angekommen, fand ich Frau Meier ganz ängstlich im Stuhl kauernd vor! Was sei denn vorgefallen, weil sie so einen ängstlichen Eindruck mache, fragte ich brav.

„Haben Sie den Mann vorhin an dem Tisch in der Ecke nicht bemerkt? Ich glaube, das ist der Mann, der mich seit einigen Tagen schon beobachtet, mir auflauert und mit der Bedienung hier unter einer Decke steckt! Jetzt ist er wieder gegangen, aber ich befürchte, dass er mir vor meiner Wohnung auflauert und mir bestimmt was antun will! Können Sie bitte die Polizei für mich rufen?"

„Sind Sie sich da ganz sicher?", fragte ich sie. „Wenn es Ihnen hilft, kann ich Sie ja bis zu Ihrer Haustür begleiten, oder soll ich die Polizei wirklich rufen?" Darauf gab sie mir gar keine Antwort, sondern fing wieder an, mir weitere Anekdoten aus ihrem Leben zu erzählen. Zusätzlich streute sie noch den ein oder anderen (mehr oder weniger schmutzigen) Witz mit ein, was ich dann immer weniger lustig fand. Was wollte diese Frau von mir? Wollte sie wirklich psychologisch beraten werden oder mich gar „verarschen"? Eine Weile ließ ich sie noch gewähren, bis ich ihr dann auf gut Bayrisch ein bisschen barsch zwischen die Worte fuhr: „Sakradie, wie kann ich Ihnen nun helfen, oder benötigen Sie nur einen geduldigen Zuhörer für diesen Abend?“ Ohne Anzeichen einer Reaktion darauf fuhr sie fort, mir Geschichten zu erzählen!

Ich hörte schon gar nicht mehr richtig zu, bestellte mir noch ein Glas Wein, gab es auf, mit ihr ins Gespräch zu kommen, versuchte, mich zu entspannen, und ließ sie einfach reden. Hier und da fielen mir doch immer wieder mal Passagen in ihren Geschichten auf, die mich erschreckten, und so langsam kam mir der Gedanke, dass diese Frau vielleicht nicht ganz normal war. Vor allem als ich die Kellnerin rufen wollte, um zu zahlen, und sie ganz hysterisch zu schreien anfing und drohte, sie werde sich in die Isar stürzen, wenn ich jetzt gehen würde, war ich restlos bedient!

Jetzt war ich mir sicher, diese Frau musste verrückt sein! Wenn sie mir jetzt noch erzählen sollte, dass sie irgendwelche Stimmen hörte, würde ich mit in die Isar gehen! Gut, dass ich so ein braver Student gewesen war und aufgepasst hatte; von Psychotherapie hatte ich – offiziell – wenig Ahnung, aber das sah für mich so aus, als wäre diese Frau hochgradig psychisch krank. Sie hatte schon Selbstmordabsichten geäußert, deshalb durfte ich sie als Psychologischer Berater nicht mehr allein lassen, bis sie in Gewahrsam war, um eine solche Tat zu verhindern.
Da meine Geduld und meine Nerven am Ende waren, ging ich an den Tresen, bat die Bedienung, die Polizei anzurufen, und kehrte zu ihr an den Tisch zurück.

„Wie geht es Ihnen im Moment?“, fragte ich. Kaum ausgesprochen, war von einer Selbstmordabsicht keine Spur mehr und sie erzählte wieder munter drauflos. Diesmal war mir ihr Redefluss herzlich willkommen, es war eine gute Überbrückung der Zeit, bis die Polizei nach zehn Minuten im Lokal eintraf. Gott sei Dank, dachte ich, ich werde erlöst! Ich trat den Beamten entgegen und schilderte kurz, wieso ich sie gerufen hatte. Nach einer schnellen Beratung gingen die beiden Beamten auf Frau Meier zu. Sie redeten ruhig mit ihr, nahmen sie am Arm mit in ihr Dienstfahrzeug und sagten zu, sie ins örtliche Krankenhaus zu bringen.

Ob diese Dame nun wirklich psychisch krank war, kann ich nicht sagen. Ich habe mich danach nicht mehr nach ihr oder ihrem Befinden erkundigt. Habe ich einen offensichtlich verwirrten Menschen vor dem Freitod gerettet, oder hat sie mir etwas vorgespielt und mich zum Narren gehalten? Mir am Ende auch egal, ich spreche in Zukunft jedenfalls keine potenziellen Klienten mehr in Kneipen an, ich bin davon kuriert.

Schlussbemerkungen

Ich möchte jetzt nicht ernsthaft behaupten, dass der „Held“ dieses Buches ohne die psychologischen Kenntnisse aus seinem Studium nicht mehr aus seiner Krisensituation herausgekommen wäre. Aber was er gelernt hat darüber, wie Menschen so „ticken“, war in jedem Fall sehr, sehr hilfreich für ihn.
Heute geht er mit seinen Mitmenschen (in der Ehe, in der Arbeit, im Sportverein, mit der Verwandtschaft …) sehr viel bewusster um, hört besser zu, fragt mehr, als er erzählt, und kann mit Konfliktsituationen weitaus besser umgehen.
Seit einigen Jahren ist er wieder glücklich verheiratet, hat eine wunderbare Frau aus Minsk, hat zum zweiten Mal ein Haus für sich und seine Familie gebaut (oder besser bauen lassen, da er nicht der beste Handwerker ist), zieht bald aus Oberbayern weg, zurück in die alte Heimat, und hofft, dass er und seine Familie den Rest ihres Lebens in Harmonie, Eintracht und Gesundheit verbringen können.

Angst vor Veränderung hat er nicht mehr und er sieht eher die neuen Chancen als die Risiken für den neuen Lebensabschnitt.

Herrmann Schiffermüller

Literatur- und Personenverzeichnis

Literaturverzeichnis:

[1] Watzlawick, Paul: *Anleitung zum Unglücklichsein* (Piper), 1983

[2] Migge, Björn: *Handbuch – Coaching und Beratung* (Beltz), 2007

[3] Schulz, Rolf: *Toolbox zur Konfliktlösung* (Eichborn), 2010

[4] Hobmair, Hermann (Hrsg.): *Psychologie*, 4. Auflage, Köln, (Bildungsverlag EINS), 2008.

Personenverzeichnis:

FSC
www.fsc.org
MIX
Papier aus verantwortungsvollen Quellen
Paper from responsible sources
FSC® C105338